中华人民共和国行业推荐性标准

公路工程机械台班费用定额

JTG/T 3833—2018

主编单位：交通运输部路网监测与应急处置中心
批准部门：中华人民共和国交通运输部
实施日期：2019 年 05 月 01 日

人民交通出版社股份有限公司

律师声明

本书所有文字、数据、图像、版式设计、插图等均受中华人民共和国宪法和著作权法保护。未经人民交通出版社股份有限公司同意,任何单位、组织、个人不得以任何方式对本作品进行全部或局部的复制、转载、出版或变相出版。

任何侵犯本书权益的行为,人民交通出版社股份有限公司将依法追究其法律责任。

有奖举报电话:(010)85285150

北京市星河律师事务所
2017 年 10 月 31 日

图书在版编目(CIP)数据

公路工程机械台班费用定额:JTG/T 3833—2018 / 交通运输部路网监测与应急处置中心主编. — 北京:人民交通出版社股份有限公司,2019.1
ISBN 978-7-114-14367-0

Ⅰ.①公… Ⅱ.①交… Ⅲ.①道路工程—工程机械—费用—工时定额 Ⅳ.①U415.13

中国版本图书馆 CIP 数据核字(2019)第 002990 号

标准类型:中华人民共和国行业推荐性标准
Gonglu Gongcheng Jixie Taiban Feiyong Ding'e
标准名称:**公路工程机械台班费用定额**
标准编号:JTG/T 3833—2018
主编单位:交通运输部路网监测与应急处置中心
责任编辑:吴有铭 李 沛
责任校对:宿秀英
责任印制:刘高彤
出版发行:人民交通出版社股份有限公司
地　　址:(100011)北京市朝阳区安定门外外馆斜街 3 号
网　　址:http://www.ccpress.com.cn
销售电话:(010)59757973
总 经 销:人民交通出版社股份有限公司发行部
经　　销:各地新华书店
印　　刷:北京市密东印刷有限公司
开　　本:880×1230　1/32
印　　张:3.875
字　　数:128 千
版　　次:2019年1月　第 1 版
印　　次:2022年3月　第 3 次印刷
书　　号:ISBN 978-7-114-14367-0
定　　价:50.00 元

(有印刷、装订质量问题的图书,由本公司负责调换)

中华人民共和国交通运输部公告

第 86 号

交通运输部关于发布《公路工程建设项目投资估算编制办法》
《公路工程建设项目概算预算编制办法》及《公路工程
估算指标》《公路工程概算定额》《公路工程预算定额》
《公路工程机械台班费用定额》的公告

现发布《公路工程建设项目投资估算编制办法》(JTG 3820—2018)、《公路工程建设项目概算预算编制办法》(JTG 3830—2018)作为公路工程行业标准;《公路工程估算指标》(JTG/T 3821—2018)、《公路工程概算定额》(JTG/T 3831—2018)、《公路工程预算定额》(JTG/T 3832—2018)、《公路工程机械台班费用定额》(JTG/T 3833—2018)作为公路工程行业推荐性标准,自 2019 年 5 月 1 日起施行。原《公路工程基本建设项目投资估算编制办法》

(JTG M20—2011)、《公路工程基本建设项目概算预算编制办法》(JTG B06—2007)、《公路工程估算指标》(JTG/T M21—2011)、《公路工程概算定额》(JTG/T B06-01—2007)、《公路工程预算定额》(JTG/T B06-02—2007)、《公路工程机械台班费用定额》(JTG/T B06-03—2007)同时废止。

上述标准的管理权和解释权归交通运输部,日常解释和管理工作由主编单位交通运输部路网监测与应急处置中心负责。请各有关单位注意在实践中总结经验,及时将发现的问题和修改建议函告交通运输部路网监测与应急处置中心(地址:北京市朝阳区安定路5号院8号楼外运大厦21层,邮政编码:100029)。

特此公告。

中华人民共和国交通运输部
2018 年 12 月 17 日

交通运输部办公厅　　　　　　　　　　　　　　　　　　　　　　2018 年 12 月 19 日印发

《公路工程机械台班费用定额》编委会

主 编 单 位：交通运输部路网监测与应急处置中心
参 编 单 位：河南省交通工程定额站
　　　　　　广东省交通运输工程造价事务中心
　　　　　　四川省交通运输厅交通建设工程造价管理站
　　　　　　陕西省交通运输厅交通工程定额站
　　　　　　国道网(北京)交通科技有限公司
　　　　　　昆明海巍科技有限公司

主　　　　编：方　申
主要参编人员：尹如军　王宝江　杨智勇　王春雷　王森岭　袁　权　梁永杰　帖卉霞　李　宁
　　　　　　王彩仙　杨　莉　杨志朴　李　燕　王燕平　易万中　莫　均　胡　雷　王　博
　　　　　　杜国艳　马海燕　李光仪

主　　　　审：赵晞伟
参与审查人员：张建军　张慧彧　张冬青　孙　静　桂志敬　唐世强　黄成造　陈乐生　邰玉兰
　　　　　　李春风　杜洪烈　闫秋波　姚　沅　张艳平　张　靖　王　荣

目　次

说明 ·· 1

一、土、石方工程机械 ·· 4

二、路面工程机械 ·· 18

三、混凝土及灰浆机械 ··· 30

四、水平运输机械 ·· 40

五、起重及垂直运输机械 ·· 48

六、打桩、钻孔机械 ·· 66

七、泵类机械 ·· 76

八、金属、木、石料加工机械 ··· 80

九、动力机械 ·· 90

十、工程船舶 ·· 96

十一、工程检测仪器仪表 ·· 104

十二、通风机 ·· 112

十三、其他机械 ··· 114

说 明

一、本定额是《公路工程建设项目投资估算编制办法》(JTG 3820—2018)、《公路工程建设项目概算预算编制办法》(JTG 3830—2018)、《公路工程估算指标》(JTG/T 3821—2018)、《公路工程概算定额》(JTG/T 3831—2018)、《公路工程预算定额》(JTG/T 3832—2018)的配套定额,是编制公路建设工程估算、概算、预算的依据。

二、本定额内容包括:土、石方工程机械,路面工程机械,混凝土及灰浆机械,水平运输机械,起重及垂直运输机械,打桩、钻孔机械,泵类机械,金属、木、石料加工机械,动力机械,工程船舶,工程检测仪器仪表,通风机,其他机械等,共计13类972个子目。

三、本定额中各类机械(除潜水设备、变压器和配电设备外)每台(艘)班均按8h计算,潜水设备每台班按6h计算,变压器和配电设备每台班按一个昼夜计算。

四、本定额由以下7项费用组成:

1. 折旧费:指施工机械在规定的耐用总台班内,陆续收回其原值(含智能信息化管理设备费)的费用。

2. 检修费:指施工机械在规定的耐用总台班内,按规定的检修间隔进行必要的检修,以恢复其正常功能所需的费用。

3. 维护费:指施工机械在规定的耐用总台班内,按规定的维护间隔进行各级维护和临时故障排除所需的费用。包括为保障机械正常运转所需替换设备与随机配备工具附具的摊销费用、机械运转及日常维护所需润滑与擦拭的材料费用及机械停滞期间的维护费用等。

4. 安拆辅助费:指施工机械在现场进行安装与拆卸所需的人工、材料、机械和试运转费用以及机械辅助设施的折旧、搭设、拆除等费用。

5.人工费：指随机操作人员的工作日工资(包括工资、各类津贴、补贴、辅助工资、劳动保护费等)。

6.动力燃料费：指机械在运转施工作业中所耗用的电力、固体燃料(煤、木柴)、液体燃料(汽油、柴油、重油)和水等的费用。

7.车船税：指施工机械按照国家、省(自治区、直辖市)规定应缴纳的车船税。

五、本定额中第1~4项费用(折旧费、检修费、维护费、安拆辅助费)为不变费用。编制机械台班单价时，除青海、新疆、西藏等边远地区外，均应直接采用。至于边远地区因机械使用年限差异及维修工资、配件材料等价差较大而需调整不变费用时，可根据具体情况，由各省级交通运输主管部门制定系数并执行。

六、本定额中第5~7项费用(人工费、动力燃料费、车船税)为可变费用。编制机械台班单价时，人工及动力燃料消耗量应以本定额中的数值为准。人工单价、动力燃料单价按《公路工程建设项目概算预算编制办法》(JTG 3830—2018)的规定计算。工程船舶和潜水设备的工日单价，按地方有关部门规定计算。其他费用，如需缴纳时，应根据各省(自治区、直辖市)及国务院有关部门规定的标准，按机械的年工作台班(见下表)计入台班费中。

机械项目	沥青洒布车、汽车式划线车	平板拖车组	液态沥青运输车、散装水泥运输车、混凝土搅拌运输车、混凝土输送泵车、自卸汽车、运油汽车、加油汽车、洒水汽车、拖拉机、汽车式起重机、轮胎式起重机、汽车式钻孔机、内燃拖轮、起重船	载货汽车、机动翻斗车	工程驳船、抛锚船、机动艇、泥浆船
年工作台班	150	160	200	220	230

七、机械设备转移费不包括在本定额中。

八、加油及油料过滤的损耗和由变电设备至机械之间的输电线路电力损失，均已包括在本定额中。

九、本定额中凡注明"××以内"者，均含"××"数本身。定额子目步距起点均由前项开始，如"30以内""60

以内""80以内"等,其中"60以内"指"30以外至60以内","80以内"指"60以外至80以内"。

十、本定额的计量单位均执行国家法定计量单位。

十一、本定额基价的可变费用中的人工费、动力燃料费按下表预算价格计算。

项目	工资(工日)	汽油(kg)	柴油(kg)	重油(kg)	煤(t)	电(kW·h)	水(m³)	木柴(kg)
预算价格(元)	106.28	8.29	7.44	3.59	561.95	0.85	2.72	0.71

十二、本定额是按公路工程中常用的施工机械的规格编制的,规格与之相同或相似的,均应直接采用。本定额中未包括的机械项目,各省级交通运输主管部门可根据本定额的编制原则和方法编制补充定额。

序号	代号	机械名称		规格型号		不变费用				
						折旧费	检修费	维护费	安拆辅助费	小计
						元				
	8001	一、土、石方工程机械								
1	8001001	推土机	履带式	功率 (kW)	60 以内	T80	55.21	32.45	85.76	-	173.42
2	8001002				75 以内	TY100	83.62	49.15	129.90	-	262.67
3	8001003				90 以内	T120A	110.75	65.10	172.04	-	347.89
4	8001004				105 以内	T140-1 带松土器	126.72	74.48	196.84	-	398.04
5	8001005				120 以内	-	153.08	89.97	237.76	-	480.81
6	8001006				135 以内	T180 带松土器	209.63	123.21	325.62	-	658.46
7	8001007				165 以内	T220 带松土器	250.56	147.26	389.18	-	787.00
8	8001008				240 以内	SH320 带松土器	302.64	177.87	363.40	-	843.91
9	8001009				320 以内	带松土器	472.42	277.66	522.11	-	1272.19
10	8001010		湿地		105 以内	TS140	141.06	70.62	176.59	-	388.27
11	8001011				135 以内	TS180	228.17	114.24	285.66	-	628.07
12	8001012				165 以内	TS220	264.13	132.24	330.65	-	727.02
13	8001013		轮胎式		135 以内	TL180A	168.57	84.40	211.04	-	464.01
14	8001014				160 以内	TL210A	205.08	102.68	256.73	-	564.49
15	8001015	铲运机	自行式	斗容量 (m³)	4 以内	-	157.46	61.70	168.06	-	387.22
16	8001016				8 以内	CI-6	176.06	68.99	187.92	-	432.97
17	8001017				10 以内	CL7	218.62	85.66	233.35	-	537.63
18	8001018				12 以内	621B、CL9	265.20	103.91	283.06	-	652.17

可变费用											定额基价
人工	汽油	柴油	重油	煤	电	水	木柴	其他费用	小计		
工日		kg			t	kW·h	m³	kg		元	
2	-	40.86	-	-	-	-	-	-	-	516.56	689.98
2	-	54.97	-	-	-	-	-	-	-	621.54	884.21
2	-	65.37	-	-	-	-	-	-	-	698.91	1046.80
2	-	76.52	-	-	-	-	-	-	-	781.87	1179.91
2	-	89.14	-	-	-	-	-	-	-	875.76	1356.57
2	-	98.06	-	-	-	-	-	-	-	942.13	1600.59
2	-	120.35	-	-	-	-	-	-	-	1107.96	1894.96
2	-	174.57	-	-	-	-	-	-	-	1511.36	2355.27
2	-	234.75	-	-	-	-	-	-	-	1959.10	3231.29
2	-	76.52	-	-	-	-	-	-	-	781.87	1170.14
2	-	98.06	-	-	-	-	-	-	-	942.13	1570.20
2	-	120.35	-	-	-	-	-	-	-	1107.96	1834.98
2	-	98.06	-	-	-	-	-	-	-	942.13	1406.14
2	-	114.40	-	-	-	-	-	-	-	1063.70	1628.19
2	-	47.20	-	-	-	-	-	-	-	563.73	950.95
2	-	70.40	-	-	-	-	-	-	-	736.34	1169.31
2	-	92.00	-	-	-	-	-	-	-	897.04	1434.67
2	-	129.60	-	-	-	-	-	-	-	1176.78	1828.95

续前页

序号	代号	机械名称			规格型号	不变费用				
						折旧费	检修费	维护费	安拆辅助费	小计
						元				
19	8001019	铲运机	自行式	16 以内	-	392.83	153.92	419.30	-	966.05
20	8001020			23 以内	631D	833.97	326.78	890.17	-	2050.92
21	8001021		拖式（含头）	3 以内	C2-3A,CTY3	45.14	20.64	69.01	0.73	135.52
22	8001022			8 以内	C2-6,CTY6	130.09	59.47	198.86	0.92	389.34
23	8001023			10 以内	CT-7	185.05	84.59	282.89	1.13	553.66
24	8001024			12 以内	CT-10	248.46	113.58	379.82	1.29	743.15
25	8001025	单斗挖掘机	履带式	斗容量（m³） 0.6	WY60 液压	183.87	48.03	109.36	-	341.26
26	8001026			0.8	WY80 液压	223.26	58.32	125.08	-	406.66
27	8001027			1.0	WY100 液压	233.39	60.97	130.76	-	425.12
28	8001028			1.25	WY125 液压	279.36	72.97	156.50	-	508.83
29	8001029			1.6	WY160 液压	310.83	81.20	174.15	-	566.18
30	8001030			2.0	WY200A 液压	332.00	86.72	185.99	-	604.71
31	8001031			2.5	WY250 液压	349.09	91.19	195.57	-	635.85
32	8001032			2.5	WY250 带破碎锤	430.62	168.74	456.21	-	1055.57
33	8001033			2.5	WY250 带 ER650 铣挖机	578.15	226.53	612.49	-	1417.17
34	8001034			3.0	WY300 液压	417.40	109.04	233.85	-	760.29
35	8001035			1.0	WK100 机械	159.45	62.48	134.01	2.40	358.34
36	8001036			1.5	-	171.21	67.09	143.88	3.01	385.19
37	8001037			2.0	W200A 机械	332.15	130.14	279.12	3.60	745.01

	可变费用										定额基价
人工	汽油	柴油	重油	煤	电	水	木柴	其他费用	小计		
工日		kg			t	kW·h	m³	kg		元	
2	-	160.00	-	-	-	-	-	-	1402.96	2369.01
2	-	176.00	-	-	-	-	-	-	1522.00	3572.92
2	-	44.00	-	-	-	-	-	-	539.92	675.44
2	-	59.20	-	-	-	-	-	-	653.01	1042.35
2	-	76.00	-	-	-	-	-	-	778.00	1331.66
2	-	96.00	-	-	-	-	-	-	926.80	1669.95
2	-	37.45	-	-	-	-	-	-	491.19	832.45
2	-	55.84	-	-	-	-	-	-	628.01	1034.67
2	-	74.91	-	-	-	-	-	-	769.89	1195.01
2	-	80.35	-	-	-	-	-	-	810.36	1319.19
2	-	89.89	-	-	-	-	-	-	881.34	1447.52
2	-	91.93	-	-	-	-	-	-	896.52	1501.23
2	-	160.03	-	-	-	-	-	-	1403.18	2039.03
2	-	240.05	-	-	-	-	-	-	1998.53	3054.10
2	-	240.05	-	-	-	-	-	-	1998.53	3415.70
2	-	217.91	-	-	-	-	-	-	1833.81	2594.10
2	-	64.69	-	-	-	-	-	-	693.85	1052.19
2	-	86.48	-	-	-	-	-	-	855.97	1241.16
2	-	91.93	-	-	-	-	-	-	896.52	1641.53

续前页

序号	代号	机械名称			规格型号	不变费用				
						折旧费	检修费	维护费	安拆辅助费	小计
						元				
38	8001038	单斗挖掘机	轮胎式	0.2	WY20 液压	52.91	20.73	56.05	−	129.69
39	8001039			0.4	WY40 液压	62.39	24.44	66.10	−	152.93
40	8001040			0.6	WY60 液压	66.26	25.96	70.20	−	162.42
41	8001041		履带式	1.5	三向倾卸	287.20	93.78	176.33	−	557.31
42	8001042			2.0	Z2−3.5,ZY40	213.15	69.60	201.61	−	484.36
43	8001043			3.2	ZY65	297.72	97.21	281.61	−	676.54
44	8001044	装载机	斗容量（m^3）	0.5	ZL10	40.94	13.37	38.73	−	93.04
45	8001045			1.0	ZL20	50.24	16.40	47.52	−	114.16
46	8001046			1.5	ZL30	67.35	22.00	63.72	−	153.07
47	8001047			2.0	ZL40	82.89	27.07	78.42	−	188.38
48	8001048		轮胎式	2.5	−	94.14	30.74	89.04	−	213.92
49	8001049			3.0	ZL50	126.20	41.21	119.38	−	286.79
50	8001050			3.5	ZL60	144.15	47.07	136.35	−	327.57
51	8001051			2.0	防爆型 ZL40	172.72	22.85	82.70	−	278.27
52	8001052			2.0	ZLD40 三向倾卸	113.33	37.01	107.22	−	257.56
53	8001053			3.0	ZLD50 三向倾卸	138.71	45.29	131.20	−	315.20
54	8001054			0.3	带挖掘功能	98.11	32.04	86.62	−	216.77
55	8001055			0.35	带挖掘功能	145.48	47.50	128.44	−	321.42

可变费用										定额基价
人工	汽油	柴油	重油	煤	电	水	木柴	其他费用	小计	
工日		kg		t	kW·h	m³	kg		元	
1	-	21.79	-	-	-	-	-	-	268.40	398.09
1	-	29.28	-	-	-	-	-	-	324.12	477.05
1	-	37.45	-	-	-	-	-	-	384.91	547.33
2	-	55.54	-	-	-	-	-	-	625.78	1183.09
2	-	78.17	-	-	-	-	-	-	794.14	1278.50
2	-	135.95	-	-	-	-	-	-	1224.03	1900.57
1	-	33.43	-	-	-	-	-	-	355.00	448.04
1	-	49.03	-	-	-	-	-	-	471.06	585.22
1	-	65.37	-	-	-	-	-	-	592.63	745.70
1	-	92.86	-	-	-	-	-	-	797.16	985.54
1	-	102.52	-	-	-	-	-	-	869.03	1082.95
1	-	115.15	-	-	-	-	-	-	963.00	1249.79
1	-	128.52	-	-	-	-	-	-	1062.47	1390.04
1	-	92.86	-	-	-	-	-	-	797.16	1075.43
1	-	104.07	-	-	-	-	-	-	880.56	1138.12
1	-	123.29	-	-	-	-	-	-	1023.56	1338.76
2	-	43.09	-	-	-	-	-	-	533.15	749.92
2	-	53.03	-	-	-	-	-	-	607.10	928.52

续前页

序号	代号	机械名称			规格型号	不变费用				
						折旧费	检修费	维护费	安拆辅助费	小计
						元				
56	8001056	平地机		75 以内	-	95.29	33.19	116.40	-	244.88
57	8001057			90 以内	F105	100.76	35.09	123.07	-	258.92
58	8001058			120 以内	F155	142.09	49.49	173.55	-	365.13
59	8001059			135 以内	-	150.75	52.50	184.11	-	387.36
60	8001060			150 以内	F205	176.91	61.62	216.07	-	454.60
61	8001061			180 以内	-	216.47	75.39	264.38	-	556.24
62	8001062			200 以内	F250	232.52	80.99	284.00	-	597.51
63	8001063			220 以内	-	276.99	96.47	338.30	-	711.76
64	8001064	拖拉机	履带式	功率(kW)	50 以内	-	21.74	10.41	28.36	-	60.51
65	8001065				60 以内	-	34.99	16.76	45.64	-	97.39
66	8001066				75 以内	-	52.03	24.92	67.89	-	144.84
67	8001067				90 以内	-	101.45	48.59	132.36	-	282.40
68	8001068				120 以内	-	123.26	59.04	160.81	-	343.11
69	8001069				135 以内	-	129.80	62.16	169.34	-	361.30
70	8001070				165 以内	NT855-C280	197.91	94.78	258.20	-	550.89
71	8001071				240 以内	'NTA-855C	299.41	143.39	390.60	-	833.40
72	8001072		手扶式		9 以内	-	6.46	1.53	3.28	-	11.27
73	8001073		轮胎式		21 以内	-	21.51	10.19	21.86	-	53.56
74	8001074				41 以内	-	41.03	19.44	41.70	-	102.17
75	8001075				75 以内	-	70.33	33.33	71.48	-	175.14

可变费用										定额基价
人工	汽油	柴油	重油	煤	电	水	木柴	其他费用	小计	
工日		kg		t	kW·h	m³	kg		元	
2	-	57.20	-	-	-	-	-	-	638.13	883.01
2	-	60.13	-	-	-	-	-	-	659.93	918.85
2	-	82.13	-	-	-	-	-	-	823.61	1188.74
2	-	95.34	-	-	-	-	-	-	921.89	1309.25
2	-	107.80	-	-	-	-	-	-	1014.59	1469.19
2	-	126.14	-	-	-	-	-	-	1151.04	1707.28
2	-	142.27	-	-	-	-	-	-	1271.05	1868.56
2	-	161.34	-	-	-	-	-	-	1412.93	2124.69
1	-	35.20	-	-	-	-	-	-	368.17	428.68
1	-	43.27	-	-	-	-	-	-	428.21	525.60
1	-	54.27	-	-	-	-	-	-	510.05	654.89
1	-	64.53	-	-	-	-	-	-	586.38	868.78
1	-	86.54	-	-	-	-	-	-	750.14	1093.25
1	-	96.80	-	-	-	-	-	-	826.47	1187.77
1	-	119.54	-	-	-	-	-	-	995.66	1546.55
1	-	170.14	-	-	-	-	-	-	1372.12	2205.52
1	-	10.27	-	-	-	-	-	-	182.69	193.96
1	-	14.67	-	-	-	-	-	-	215.42	268.98
1	-	29.33	-	-	-	-	-	-	324.50	426.67
1	-	52.07	-	-	-	-	-	-	493.68	668.82

续前页

序号	代号	机械名称		规格型号	不变费用				
					折旧费	检修费	维护费	安拆辅助费	小计
					元				
76	8001076	拖式羊足碾	机械自身质量（t）	3 以内	单筒	59.21	25.78	153.02	8.94	246.95
77	8001077	（含头）		6 以内	双筒	62.59	27.25	161.74	15.37	266.95
78	8001078			6~8	2Y-6/8	48.68	14.83	48.38	-	111.89
79	8001079			8~10	2Y-8/10	51.15	15.59	50.86	-	117.60
80	8001080			10~12	3Y-10/12	68.05	20.74	67.68	-	156.47
81	8001081	光轮压路机		12~15	3Y-12/15	79.68	24.29	79.24	-	183.21
82	8001082			15~18	3Y-15/18	87.93	26.80	87.43	-	202.16
83	8001083			18~21	3Y-18/21	89.68	27.33	89.19	-	206.20
84	8001084			21~25	3Y-21/25	97.07	29.58	96.51	-	223.16
85	8001085	手扶式振动碾		0.6	YZS06B	15.55	3.85	15.12	-	34.52
86	8001086			6 以内	YZC5	55.50	27.79	90.66	-	173.95
87	8001087			8 以内	YZ8	71.05	35.57	116.06	-	222.68
88	8001088			10 以内	YZJ10B	79.97	40.04	130.66	-	250.67
89	8001089	振动压路机		15 以内	CA25PD	101.50	50.82	165.81	-	318.13
90	8001090			20 以内	YZ18A,YZJ19A	149.40	74.80	244.06	-	468.26
91	8001091			25 以内	-	202.99	101.63	331.60	-	636.22
92	8001092			30 以内	-	401.11	200.83	655.25	-	1257.19
93	8001093	冲击式压路机		25 以内	-	270.79	135.58	442.36	-	848.73
94	8001094	拖式振动碾(含头)		15	TZT16(K)	211.11	105.70	344.87	33.86	695.54

				可变费用							定额基价
人工	汽油	柴油	重油	煤	电	水	木柴	其他费用	小计		
工日		kg		t	kW·h	m³	kg		元		
1	-	29.49	-	-	-	-	-	-	325.69		572.64
1	-	42.52	-	-	-	-	-	-	422.63		689.58
1	-	19.20	-	-	-	-	-	-	249.13		361.02
1	-	23.20	-	-	-	-	-	-	278.89		396.49
1	-	33.60	-	-	-	-	-	-	356.26		512.73
1	-	40.00	-	-	-	-	-	-	403.88		587.09
1	-	50.40	-	-	-	-	-	-	481.26		683.42
1	-	59.20	-	-	-	-	-	-	546.73		752.93
1	-	70.40	-	-	-	-	-	-	630.06		853.22
1	-	3.20	-	-	-	-	-	-	130.09		164.61
2	-	24.00	-	-	-	-	-	-	391.12		565.07
2	-	40.80	-	-	-	-	-	-	516.11		738.79
2	-	59.20	-	-	-	-	-	-	653.01		903.68
2	-	73.60	-	-	-	-	-	-	760.14		1078.27
2	-	105.60	-	-	-	-	-	-	998.22		1466.48
2	-	118.40	-	-	-	-	-	-	1093.46		1729.68
2	-	149.60	-	-	-	-	-	-	1325.58		2582.77
2	-	289.61	-	-	-	-	-	-	2367.26		3215.99
2	-	130.00	-	-	-	-	-	-	1179.76		1875.30

续前页

序号	代号	机械名称			规格型号	不变费用				
						折旧费	检修费	维护费	安拆辅助费	小计
						元				
95	8001095	蛙式夯土机		200~620N·m		HW-280	3.53	1.52	3.48	6.61	15.14
96	8001096	内燃夯土机		夯足直径265mm		HB-120	4.56	1.96	4.49	6.61	17.62
97	8001097	强夯机械	夯击功（kN·m）	1200以内	带10t夯锤头	293.36	40.65	93.80	-	427.81
98	8001098			2000以内	带15t夯锤头	452.45	62.70	144.68	-	659.83
99	8001099			3000以内	带20t夯锤头	561.32	77.79	179.49	-	818.60
100	8001100			4000以内	-	642.66	89.06	205.48	-	937.20
101	8001101			5000以内	-	722.18	100.08	230.91	-	1053.17
102	8001102	凿岩机	风动	手持式	-	3.79	0.82	6.02	6.61	17.24
103	8001103			气腿式	-	4.33	0.95	6.92	6.61	18.81
104	8001104			导轨式	YG250	13.75	3.00	21.93	6.61	45.29
105	8001105		电动		YDT30	3.68	0.80	5.88	6.61	16.97
106	8001106		内燃式		YN30A	10.13	2.20	16.11	6.61	35.05
107	8001107	凿岩台车	二臂		轮胎式MINB027PRL	机动+电动(104)	1931.24	503.63	1075.01	26.65	3536.53
108	8001108		三臂		轮胎式H178	机动+电动(160)	2551.49	559.32	1193.89	29.79	4334.49
109	8001109				轮胎式	-	2476.21	808.55	1725.88	31.35	5041.99
110	8001110		四臂		履带液压式	-	3005.40	981.35	2094.71	32.92	6114.38
111	8001111	潜孔钻机	液压	孔径（mm）	38~76	YYG120含支架	30.68	13.35	28.50	-	72.53
112	8001112				38~115	YYG150含支架	56.57	24.63	52.58	-	133.78
113	8001113	潜孔钻车	履带式		100以内	液压CLQ15	73.30	31.91	68.12	-	173.33
114	8001114				150以内	液压CLQ15A	78.94	34.37	73.36	-	186.67

人工	汽油	柴油	重油	煤	电	水	木柴	其他费用	小计	定额基价
工日		kg		t	kW·h	m³	kg		元	
–	–	–	–	–	17.34	–	–	–	14.74	29.88
–	–	2.00	–	–	–	–	–	–	14.88	32.50
2	–	34.29	–	–	–	–	–	–	467.68	895.49
2	–	43.20	–	–	–	–	–	–	533.97	1193.80
2	–	59.66	–	–	–	–	–	–	656.43	1475.03
2	–	67.89	–	–	–	–	–	–	717.66	1654.86
2	–	80.92	–	–	–	–	–	–	814.60	1867.77
–	–	–	–	–	–	–	–	–	–	17.24
–	–	–	–	–	–	–	–	–	–	18.81
–	–	–	–	–	–	–	–	–	–	45.29
–	–	–	–	–	12.75	–	–	–	10.84	27.81
–	–	12.34	–	–	–	–	–	–	91.81	126.86
3	–	29.61	–	–	432.02	–	–	–	906.36	4442.89
4	–	41.98	–	–	664.47	–	–	–	1302.25	5636.74
4	–	31.82	–	–	711.43	–	–	–	1266.58	6308.57
5	–	47.73	–	–	854.65	–	–	–	1612.96	7727.34
1	–	32.80	–	–	–	–	–	–	350.31	422.84
1	–	44.00	–	–	–	–	–	–	433.64	567.42
1	–	46.40	–	–	–	–	–	–	451.50	624.83
1	–	50.40	–	–	–	–	–	–	481.26	667.93

续前页

序号	代号	机械名称			规格型号	不变费用				
						折旧费	检修费	维护费	安拆辅助费	小计
						元				
115	8001115	锚固钻机	液压	孔径（mm）	38~105	YMG100	19.55	8.51	18.16	-	46.22
116	8001116				38~170	YMG150A	22.93	9.99	21.32	-	54.24
117	8001117				38~200	YMD-1	31.95	13.91	29.69	-	75.55
118	8001118	风煤钻				ZQS-30/2.5	6.02	3.69	26.41	-	36.12
119	8001119	全液压履带钻机				ZYL-1250	48.84	17.88	38.17	0.82	105.71
120	8001120					ZYL-3200	70.33	25.75	54.98	1.18	152.24
121	8001121	液压工程地质钻机				-	39.47	6.38	6.94	26.54	79.33
122	8001122	装药台车			机动	BCJ-4	248.10	108.01	230.56	-	586.67
123	8001123	装岩机	电动	斗容量（m³）	0.2以内	-	25.01	10.34	17.87	-	53.22
124	8001124				0.4以内	-	25.96	10.74	18.56	-	55.26
125	8001125				0.6以内	-	35.95	14.86	25.68	-	76.49
126	8001126		汽动		0.2以内	-	14.68	6.06	10.47	-	31.21
127	8001127				0.5以内	-	22.72	9.39	16.23	-	48.34
128	8001128	锻钎机			风动	-	12.48	4.07	8.08	13.84	38.47
129	8001129				液压	421-120	20.49	6.69	13.26	13.84	54.28
130	8001130	钻头磨床			电动	M691	12.71	4.11	11.70	-	28.52
131	8001131	修钎机			电动	-	37.27	12.05	23.88	13.84	87.04
132	8001132	液压喷播机			机动	CYP-4456	43.33	14.00	27.75	-	85.08

可变费用										定额基价
人工	汽油	柴油	重油	煤	电	水	木柴	其他费用	小计	
工日		kg		t	kW·h	m³	kg		元	
1	-	-	-	-	85.01	-	-	-	178.54	224.76
1	-	-	-	-	106.27	-	-	-	196.61	250.85
1	-	-	-	-	182.78	-	-	-	261.64	337.19
-	-	-	-	-	-	-	-	-	-	36.12
1	-	-	-	-	176.00	-	-	-	255.88	361.59
1	-	-	-	-	360.00	-	-	-	412.28	564.52
2	-	30.08	-	-	-	-	-	-	436.36	515.69
2	-	32.91	-	-	-	-	-	-	457.41	1044.08
1	-	-	-	-	65.58	-	-	-	162.02	215.24
1	-	-	-	-	88.41	-	-	-	181.43	236.69
1	-	-	-	-	116.83	-	-	-	205.59	282.08
1	-	-	-	-	-	-	-	-	106.28	137.49
1	-	-	-	-	-	-	-	-	106.28	154.62
2	-	-	-	-	-	-	-	-	212.56	251.03
2	-	-	-	-	85.01	-	-	-	284.82	339.10
1	-	-	-	-	17.00	-	-	-	120.73	149.25
2	-	-	-	-	85.01	-	-	-	284.82	371.86
1	-	21.03	-	-	-	-	-	-	262.74	347.82

序号	代号	机械名称		规格型号	不变费用				
					折旧费	检修费	维护费	安拆辅助费	小计
					元				
	8003	二、路面工程机械							
133	8003001	稳定土拌和机	功率 (kW)	88 以内	WBL-190	99.05	38.41	99.16	-	236.62
134	8003002			118 以内	WB210	168.93	65.50	169.11	-	403.54
135	8003003			135 以内	WB210	248.95	95.53	246.64	-	591.12
136	8003004			165 以内	WB220	253.80	97.40	251.46	-	602.66
137	8003005			235 以内	WB230	295.84	113.53	293.10	-	702.47
138	8003006			260 以内	-	345.44	132.56	342.25	-	820.25
139	8003007			300 以内	-	382.29	146.70	378.76	-	907.75
140	8003008	稳定土厂拌设备	生产能力 (t/h)	50 以内	WBC-50	81.97	28.25	81.84	-	192.06
141	8003009			100 以内	WBC-100	126.72	43.68	126.52	-	296.92
142	8003010			200 以内	WBC-200	188.97	65.13	188.69	-	442.79
143	8003011			300 以内	WBC-300	221.09	75.41	218.46	-	514.96
144	8003012			400 以内	WBC-400	261.28	89.13	258.19	-	608.60
145	8003013			500 以内	WBZ500	381.87	130.26	377.34	-	889.47
146	8003014			650 以内	-	442.16	150.83	436.94	-	1029.93
147	8003015	稳定土摊铺机	最大摊铺宽度 (m)	7.5	WTU75	477.33	162.82	326.03	-	966.18
148	8003016			9.5	WTU95	718.52	245.09	490.77	-	1454.38
149	8003017			12.5	WTU125	904.43	308.51	617.76	-	1830.70

可变费用										定额基价
人工	汽油	柴油	重油	煤	电	水	木柴	其他费用	小计	
工日	kg	kg	kg	t	kW·h	m³	kg		元	
2	-	55.32	-	-	-	-	-	-	624.14	860.76
2	-	74.17	-	-	-	-	-	-	764.38	1167.92
2	-	84.86	-	-	-	-	-	-	843.92	1435.04
2	-	103.72	-	-	-	-	-	-	984.24	1586.90
2	-	147.72	-	-	-	-	-	-	1311.60	2014.07
2	-	163.43	-	-	-	-	-	-	1428.48	2248.73
2	-	188.58	-	-	-	-	-	-	1615.60	2523.35
3	-	-	-	-	141.69	-	-	-	439.28	631.34
3	-	-	-	-	209.70	-	-	-	497.09	794.01
3	-	-	-	-	408.06	-	-	-	665.69	1108.48
3	-	-	-	-	549.74	-	-	-	786.12	1301.08
3	-	-	-	-	697.10	-	-	-	911.38	1519.98
3	-	-	-	-	782.11	-	-	-	983.63	1873.10
3	-	-	-	-	1020.14	-	-	-	1185.96	2215.89
2	-	55.07	-	-	-	-	-	-	622.28	1588.46
2	-	85.87	-	-	-	-	-	-	851.43	2305.81
2	-	136.27	-	-	-	-	-	-	1226.41	3057.11

续前页

序号	代号	机械名称		规格型号	不变费用				
					折旧费	检修费	维护费	安拆辅助费	小计
					元				
150	8003018	沥青乳化机	生产能力 (L/h)	1000 以内	LR-500	3.74	1.63	3.31	-	8.68
151	8003019			3000 以内	RH-A	4.82	2.09	4.26	-	11.17
152	8003020			6000 以内	LRJ-6A	7.18	3.13	6.36	-	16.67
153	8003021	沥青乳化设备		6000 以内	LRMZ-6 含罐	130.68	70.37	143.06	-	344.11
154	8003022			15000 以内	-	237.03	127.65	259.50	-	624.18
155	8003023	导热油加热沥青设备	生产能力 (t/班)	20~40	QXG-25	109.85	23.67	69.76	-	203.28
156	8003024			40~60	QXL-40	163.87	35.30	104.05	-	303.22
157	8003025			60~80	QXL-60	197.13	42.03	123.89	-	363.05
158	8003026			80~100	QXL-80	214.86	45.81	135.02	-	395.69
159	8003027			100~140	QXL-100	286.72	61.13	180.19	-	528.04
160	8003028	沥青脱桶设备	生产能力 (t/h)	4	LT3	91.17	31.43	92.63	-	215.23
161	8003029			6	LT5	104.85	36.14	106.52	-	247.51
162	8003030	石屑撒布机		撒布宽度1~3m	SA3	153.46	49.59	155.24	-	358.29
163	8003031	液态沥青运输车	容量 (L)	4000 以内	LYZ-4000	108.83	45.93	163.40	-	318.16
164	8003032			7000 以内	YLY-7000	113.68	47.98	170.69	-	332.35
165	8003033			9000 以内	YLY-9000	143.59	60.60	215.59	-	419.78
166	8003034			22000 以内	CZL9350	303.63	128.15	455.88	-	887.66
167	8003035	沥青洒布机		500 以内	LS-500	9.45	2.55	4.37	-	16.37
168	8003036			1000 以内	LSA-1000A	12.36	3.33	5.72	-	21.41

可变费用											定额基价
人工	汽油	柴油	重油	煤	电	水	木柴	其他费用	小计		
工日	kg			t	kW·h	m³	kg		元		
1	–	–	–	–	13.76	–	–	–	117.98		126.66
1	–	–	–	–	41.29	–	–	–	141.38		152.55
1	–	–	–	–	116.99	–	–	–	205.72		222.39
1	–	–	–	–	254.63	–	–	–	322.72		666.83
1	–	–	–	–	619.37	–	–	–	632.74		1256.92
1	–	–	–	0.306	158.28	–	–	–	412.77		616.06
1	–	–	–	0.437	213.34	–	–	–	533.19		836.41
1	–	–	–	0.524	220.22	–	–	–	587.93		950.98
1	–	–	–	0.743	357.86	–	–	–	827.99		1223.68
1	–	–	–	1.048	392.27	–	–	–	1028.63		1556.67
1	–	113.98	–	–	103.23	–	–	–	1042.04		1257.27
1	–	174.86	–	–	123.87	–	–	–	1512.53		1760.04
1	–	32.91	–	–	–	–	–	–	351.13		709.42
1	–	–	–	–	–	–	–	–	106.28		424.44
1	–	45.26	–	–	–	–	–	–	443.01		775.36
1	–	53.94	–	–	–	–	–	–	507.59		927.37
1	–	90.97	–	–	–	–	–	–	783.10		1670.76
–	–	2.74	–	–	–	–	–	–	20.39		36.76
–	–	4.57	–	–	–	–	–	–	34.00		55.41

续前页

序号	代号	机械名称		规格型号	不变费用				
					折旧费	检修费	维护费	安拆辅助费	小计
					元				
169	8003037	沥青洒布车	容量(L)	2000 以内	LS-1700	100.28	27.01	46.40	-	173.69
170	8003038			4000 以内	LS-3500	113.94	30.68	52.71	-	197.33
171	8003039			6000 以内	LS-6000	162.28	43.69	75.05	-	281.02
172	8003040			8000 以内	LS-7500	208.04	56.02	96.23	-	360.29
173	8003041	黑色粒料拌和机	电动	15 以内	HB10,HB15	126.50	38.15	99.28	-	263.93
174	8003042			25 以内	DHHB-25	218.80	65.99	171.72	-	456.51
175	8003043		机动	25 以内	HHB-25	239.32	72.18	187.81	-	499.31
176	8003044	沥青混合料拌和设备	生产能力(t/h)	10 以内	-	89.53	19.28	58.80	-	167.61
177	8003045			15 以内	-	200.31	43.15	131.59	-	375.05
178	8003046			20 以内	-	232.62	50.11	152.80	-	435.53
179	8003047			30 以内	LB-30	542.34	115.62	352.57	-	1010.53
180	8003048			60 以内	LB800	922.33	196.64	599.61	-	1718.58
181	8003049			80 以内	LB1000	1228.04	261.81	798.36	-	2288.21
182	8003050			120 以内	LB1500	1844.66	393.27	1199.22	-	3437.15
183	8003051			160 以内	LB2000	2746.26	585.49	1785.35	-	5117.10
184	8003052			240 以内	LB3000	3226.74	687.93	2097.72	-	6012.39
185	8003053			320 以内	H40000	4098.20	873.72	2664.26	-	7636.18
186	8003054			380 以内	-	5095.26	1086.29	3312.46	-	9494.01

人工	可变费用									定额基价
	汽油	柴油	重油	煤	电	水	木柴	其他费用	小计	
工日	kg			t	kW·h	m³	kg		元	
1	26.94	–	–	–	–	–	–	–	329.61	503.30
1	34.28	–	–	–	–	–	–	–	390.46	587.79
1	–	41.14	–	–	–	–	–	–	412.36	693.38
1	–	49.37	–	–	–	–	–	–	473.59	833.88
3	–	–	448.80	–	181.17	–	–	–	2084.03	2347.95
3	–	–	748.00	–	489.82	–	–	–	3420.51	3877.02
3	–	56.83	748.00	–	–	–	–	–	3426.98	3926.29
3	–	176.80	–	–	–	–	–	–	1634.23	1801.84
3	–	198.27	–	–	–	–	–	–	1793.97	2169.02
3	–	223.53	–	–	–	–	–	–	1981.90	2417.43
3	–	–	897.60	–	624.02	–	–	–	4071.64	5082.17
3	–	–	1795.20	–	1349.87	–	–	–	7911.00	9629.58
3	–	–	3446.78	–	1358.75	–	–	–	13847.72	16135.93
3	–	–	5170.18	–	1618.42	–	–	–	20255.44	23692.60
3	–	–	6893.57	–	2620.88	–	–	–	27294.50	32411.61
3	–	–	10340.35	–	3895.09	–	–	–	40751.52	46763.92
3	–	–	13787.14	–	5151.17	–	–	–	54193.17	61829.34
3	–	–	16372.22	–	6111.36	–	–	–	64289.77	73783.78

续前页

序号	代号	机械名称			规格型号	不变费用				
						折旧费	检修费	维护费	安拆辅助费	小计
						元				
187	8003055	沥青混合料摊铺机	不带自动找平	3.6以内	LTU4	90.26	48.61	97.33	-	236.20
188	8003056			4.5以内	LT-6A	141.31	76.10	152.39	-	369.80
189	8003057		带自动找平	4.5以内	2LTZ45	344.29	146.80	293.96	-	785.05
190	8003058		最大摊铺宽度(m)	6.0以内	S1500、S1502	580.34	247.45	495.50	-	1323.29
191	8003059			9.0以内	S1700	709.31	302.44	605.60	-	1617.35
192	8003060			12.5以内	S2000	1082.38	461.52	924.13	-	2468.03
193	8003061			16.5以内	-	1427.83	608.81	1219.08	-	3255.72
194	8003062	稀浆封层机		摊铺宽度(m) 2.5~3.5	RF80 47kW	793.89	253.88	931.56	-	1979.33
195	8003063	振动压路机	双钢轮	机械自身质量(t) 10以内	YZC-10	154.27	78.42	245.49	-	478.18
196	8003064			12以内	YZC-12	191.18	104.44	326.97	-	622.59
197	8003065			15以内	YZC-15	295.26	128.54	402.43	-	826.23
198	8003066	轮胎式压路机		9~16	YL16	95.33	39.43	159.92	-	294.68
199	8003067			16~20	YL20	111.22	46.00	186.56	-	343.78
200	8003068			20~25	YL27	125.95	68.54	277.99	-	472.48
201	8003069			25~30		153.46	83.52	338.71	-	575.69
202	8003070	热熔标线设备			含热熔釜标线车BJ-130、油涂抹器动力等	117.17	19.19	68.26	-	204.62
203	8003071	路面划线车	手扶自行式	功率(kW) 2.2以内	SH3	21.54	4.20	17.07	-	42.81
204	8003072			5.0以内	ZH6	33.46	5.84	23.75	-	63.05
205	8003073	汽车式划线车			车载式	62.21	14.27	50.78	-	127.26
206	8003074	标线清除机			-	62.45	13.45	47.85	6.25	130.00

可变费用										定额基价
人工	汽油	柴油	重油	煤	电	水	木柴	其他费用	小计	
工日		kg		t	kW·h	m³	kg		元	
2	-	27.43	-	-	-	-	-	-	416.64	652.84
2	-	32.00	-	-	-	-	-	-	450.64	820.44
2	-	42.06	-	-	-	-	-	-	525.49	1310.54
2	-	46.63	-	-	-	-	-	-	559.49	1882.78
3	-	96.00	-	-	-	-	-	-	1033.08	2650.43
3	-	136.23	-	-	-	-	-	-	1332.39	3800.42
3	-	180.12	-	-	-	-	-	-	1658.93	4914.65
2	-	103.54	-	-	-	-	-	-	982.90	2962.23
2	-	54.40	-	-	-	-	-	-	617.30	1095.48
2	-	64.00	-	-	-	-	-	-	688.72	1311.31
2	-	80.80	-	-	-	-	-	-	813.71	1639.94
1	-	33.60	-	-	-	-	-	-	356.26	650.94
1	-	42.40	-	-	-	-	-	-	421.74	765.52
1	-	50.40	-	-	-	-	-	-	481.26	953.74
1	-	78.40	-	-	-	-	-	-	689.58	1265.27
2	45.33	-	-	-	-	-	-	-	588.35	792.97
1	3.24	-	-	-	-	-	-	-	133.14	175.95
1	4.86	-	-	-	-	-	-	-	146.57	209.62
2	35.85	-	-	-	-	-	-	-	509.76	637.02
1	25	-	-	-	-	-	-	-	313.53	443.53

续前页

序号	代号	机械名称		规格型号	不变费用				
					折旧费	检修费	维护费	安拆辅助费	小计
					元				
207	8003075	凸起振动标线机		-	95.73	20.62	73.35	7.20	196.90
208	8003076	水泥混凝土摊铺机	滑模式 摊铺宽度（m） 3.0～9.0	SF30	1276.23	129.24	262.73	23.11	1691.31
209	8003077		轨道式 2.5～4.5	HTG4500 含模轨 400m	388.92	64.26	195.94	15.95	665.07
210	8003078	排式振捣机		ZD500	39.66	6.71	23.87	-	70.24
211	8003079	混凝土真空吸水机组	电动	含吸垫 5m×5m	9.19	3.06	9.32	-	21.57
212	8003080	混凝土整平机	电动	TZ219A	28.72	8.78	21.87	-	59.37
213	8003081	混凝土抹光机	电动	JM90	6.15	1.88	4.69	-	12.72
214	8003082		机动	QJM90	10.53	3.23	8.03	-	21.79
215	8003083	混凝土刻纹机	电动	RQF180	25.07	7.67	93.57	-	126.31
216	8003084		机动	RQF280	31.91	9.76	119.01	-	160.68
217	8003085	混凝土切缝机（含锯片摊销费用）	电动	SLF	7.66	2.08	78.15	-	87.89
218	8003086		风冷汽油机	SLF	13.40	3.64	105.04	-	122.08
219	8003087	高压清洗机		-	1.50	0.46	1.14	-	3.10
220	8003088	路缘石开沟机	机动	LK-180	31.26	6.63	20.21	-	58.10
221	8003089	沥青路缘石铺筑机		LCI（2～3m/min）	35.16	7.46	22.74	-	65.36
222	8003090	混凝土路缘石铺筑机		机动	27.84	5.90	18.00	-	51.74
223	8003091	沥青灌缝机	燃气加热	TLG-1	16.41	3.48	10.62	-	30.51
224	8003092	路面铣刨机	铣刨宽度（mm） 500 以内	LXZY500	217.71	47.33	148.16	15.58	428.78
225	8003093		1000 以内	RG100	295.70	62.91	196.97	18.95	574.53
226	8003094		2000 以内	LX200	1519.94	300.66	941.25	23.11	2784.96

人工	汽油	柴油	重油	煤	电	水	木柴	其他费用	小计	定额基价
			可变费用							
工日		kg		t	kW·h	m³	kg		元	
1	35	-	-	-	-	-	-	-	396.43	593.33
3	-	83.66	-	-	-	-	-	-	941.27	2632.58
3	-	48.00	-	-	-	-	-	-	675.96	1341.03
1	-	-	-	-	33.15	-	-	-	134.46	204.70
1	-	-	-	-	16.58	-	-	-	120.37	141.94
1	-	-	-	-	18.95	-	-	-	122.39	181.76
1	-	-	-	-	9.47	-	-	-	114.33	127.05
1	-	-	-	-	14.21	-	-	-	118.36	140.15
1	-	-	-	-	37.89	-	-	-	138.49	264.80
1	-	8.91	-	-	-	-	-	-	172.57	333.25
1	-	-	-	-	18.95	-	-	-	122.39	210.28
1	6.37	-	-	-	-	-	-	-	159.09	281.17
1	-	4.46	-	-	-	-	-	-	139.46	142.56
1	-	15.15	-	-	-	-	-	-	219.00	277.10
1	-	9.81	-	-	-	-	-	-	179.27	244.63
1	-	9.81	-	-	-	-	-	-	179.27	231.01
1	-	9.81	-	-	-	-	-	-	179.27	209.78
1	-	28.91	-	-	-	-	-	-	321.37	750.15
2	-	72.29	-	-	-	-	-	-	750.40	1324.93
2	-	190.46	-	-	-	-	-	-	1629.58	4414.54

续前页

序号	代号	机械名称		规格型号	不变费用				
					折旧费	检修费	维护费	安拆辅助费	小计
					元				
227	8003095	同步碎石封层车		-	719.78	176.98	808.87	-	1705.63
228	8003096	水泥稀浆车		-	2094.02	287.21	867.04	-	3248.27
229	8003097	泡沫沥青就地冷再生机		-	5181.62	1657.05	4884.46	-	11723.13
230	8003098	泡沫沥青厂拌冷再生设备		-	3520.74	1539.16	4536.94	-	9596.84
231	8003100	冷再生机		450kW	3742.28	1329.71	4730.49	11.94	9814.42
232	8003101	破路机	机动	LPR300	19.15	4.07	11.16	-	34.38
233	8003102	路面清扫机		YD80Q-1	46.50	9.86	47.12	-	103.48
234	8003103	路面清扫车		东风底盘	191.45	74.24	354.65	-	620.34
235	8003104	多功能除雪车	机动	10t以内	663.25	109.90	494.38	16.63	1284.16
236	8003105	道路养护车		CZL5061TYH	120.34	46.66	151.78	-	318.78

人工	可变费用										定额基价
	汽油	柴油	重油	煤	电	水	木柴	其他费用	小计		
工日		kg		t	kW·h	m³	kg		元		
2	-	130.40	-	-	-	-	-	-	1182.74		2888.37
1	-	150.00	-	-	-	-	-	-	1222.28		4470.55
2	-	619.19	-	-	-	-	-	-	4819.33		16542.46
3	-	281.68	-	-	-	-	-	-	2414.54		12011.38
2	-	307.21	-	-	-	-	-	-	2498.20		12312.62
1	-	9.60	-	-	-	-	-	-	177.70		212.08
1	-	16.46	-	-	-	-	-	-	228.74		332.22
1	-	60.34	-	-	-	-	-	-	555.21		1175.55
1	-	75.60	-	-	-	-	-	-	668.74		1952.90
1	-	45.94	-	-	-	-	-	-	448.07		766.85

序号	代号	机械名称		规格型号	不变费用				
					折旧费	检修费	维护费	安拆辅助费	小计
					元				
	8005	三、混凝土及灰浆机械							
237	8005001	强制式混凝土搅拌机	出料容量（L）	150 以内	JD150	7.12	2.10	6.09	2.34	17.65
238	8005002			250 以内	JD250	8.83	3.56	10.32	2.80	25.51
239	8005003			350 以内	JD350	13.39	4.29	12.41	3.27	33.36
240	8005004			500 以内	JW500、JS500	31.34	6.64	19.22	3.72	60.92
241	8005005			750 以内	JS750	48.44	8.51	24.66	4.19	85.80
242	8005006			1000 以内	JW1000、JS1000	91.17	19.64	50.90	5.12	166.83
243	8005007			1500 以内	JS1500	112.82	26.73	69.29	5.51	214.35
244	8005008			2000 以内	JS2000	159.55	37.81	97.99	5.89	301.24
245	8005009	灰浆搅拌机	容量（L）	200 以内	UJ200	3.77	1.03	4.17	–	8.97
246	8005010			400 以内	UJ325	4.68	1.69	6.86	–	13.23
247	8005011	混凝土喷射机	生产率 4~6m³/h		HPH6	44.17	9.52	14.52	0.84	69.05
248	8005012	防爆型混凝土喷射机		HPH6	32.76	4.13	17.08	0.58	54.55
249	8005013	灰浆输送泵	输送量（m³/h）	3 以内	UB3	12.56	2.70	15.20	0.84	31.30
250	8005014			4 以内	UB4	16.79	3.61	20.32	0.92	41.64
251	8005015			5 以内	UB5	18.29	3.94	22.15	1.11	45.49
252	8005016	灰气联合泵	出灰量4m³/h以内		UB76-1	9.75	2.10	11.82	0.92	24.59
253	8005017	水泥喷枪	生产率0.5~0.8m³/h		HP1-0.8	7.56	1.52	10.04	–	19.12
254	8005018	灌浆机	风动		–	5.12	1.71	5.20	–	12.03
255	8005019		电动		–	7.50	1.99	6.06	–	15.55

	可变费用										定额基价
人工	汽油	柴油	重油	煤	电	水	木柴	其他费用	小计	
工日	kg			t	kW·h	m³	kg		元	
1	-	-	-	-	42.15	-	-	-	142.11	159.76
1	-	-	-	-	54.20	-	-	-	152.35	177.86
1	-	-	-	-	90.33	-	-	-	183.06	216.42
1	-	-	-	-	120.43	-	-	-	208.65	269.57
1	-	-	-	-	180.65	-	-	-	259.83	345.63
1	-	-	-	-	223.66	-	-	-	296.39	463.22
1	-	-	-	-	348.40	-	-	-	402.42	616.77
1	-	-	-	-	430.12	-	-	-	471.88	773.12
1	-	-	-	-	17.20	-	-	-	120.90	129.87
1	-	-	-	-	21.51	-	-	-	124.56	137.79
2	-	-	-	-	43.01	-	-	-	249.12	318.17
2	-	-	-	-	40.46	-	-	-	246.95	301.50
1	-	-	-	-	24.09	-	-	-	126.76	158.06
1	-	-	-	-	30.11	-	-	-	131.87	173.51
1	-	-	-	-	36.13	-	-	-	136.99	182.48
1	-	-	-	-	30.11	-	-	-	131.87	156.46
1	-	-	-	-	6.02	-	-	-	111.40	130.52
1	-	-	-	-	-	-	-	-	106.28	118.31
1	-	-	-	-	18.07	-	-	-	121.64	137.19

续前页

序号	代号	机械名称		规格型号	不变费用				
					折旧费	检修费	维护费	安拆辅助费	小计
					元				
256	8005020	注浆泵	双液	电动	PH2×5	108.56	31.57	96.26	-	236.39
257	8005021		单液		HYB50/50-1	45.03	13.10	39.94	-	98.07
258	8005022	散装水泥车	装载质量(t)	5以内	EQ140	83.91	21.25	64.81	-	169.97
259	8005023			8以内	JN150	108.01	27.35	83.41	-	218.77
260	8005024			10以内	JN161	162.71	41.20	125.63	-	329.54
261	8005025			15以内	T815	190.85	48.32	147.36	-	386.53
262	8005026			20以内	-	265.22	67.16	204.78	-	537.16
263	8005027			26以内	-	447.72	113.37	345.70	-	906.79
264	8005028	混凝土搅拌运输车	容量(m³)	3以内	JCQ3	223.36	44.78	145.65	-	413.79
265	8005029			4以内		261.75	51.72	168.21	-	481.68
266	8005030			5以内	SP2440	306.36	61.41	199.75	-	567.52
267	8005031			6以内	MR45	429.19	86.04	279.86	-	795.09
268	8005032			8以内		441.21	88.45	287.69	-	817.35
269	8005033			9以内		448.47	89.90	292.43	-	830.80
270	8005034			10以内	-	452.21	90.66	294.87	-	837.74
271	8005035			12以内		455.87	91.39	297.25	-	844.51
272	8005036			14以内	-	466.86	93.59	304.41	-	864.86
273	8005037	防爆型混凝土搅拌运输车		3以内	JCQ3	245.15	43.48	182.08	-	470.71
274	8005038			6以内	MR45	404.09	88.32	369.87	-	862.28

可变费用											定额基价
人工	汽油	柴油	重油	煤	电	水	木柴	其他费用	小计		
工日		kg			kW·h	m³	kg		元		
1	-	-	-	-	30.11	-	-	-	131.87		368.26
1	-	-	-	-	36.13	-	-	-	136.99		235.06
1	-	44.00	-	-	-	-	-	-	433.64		603.61
1	-	50.29	-	-	-	-	-	-	480.44		699.21
1	-	56.15	-	-	-	-	-	-	524.04		853.58
1	-	69.14	-	-	-	-	-	-	620.68		1007.21
1	-	93.45	-	-	-	-	-	-	801.55		1338.71
1	-	104.76	-	-	-	-	-	-	885.69		1792.48
1	-	40.23	-	-	-	-	-	-	405.59		819.38
1	-	45.26	-	-	-	-	-	-	443.01		924.69
1	-	50.29	-	-	-	-	-	-	480.44		1047.96
1	-	55.32	-	-	-	-	-	-	517.86		1312.95
1	-	100.57	-	-	-	-	-	-	854.52		1671.87
1	-	106.44	-	-	-	-	-	-	898.19		1728.99
1	-	115.66	-	-	-	-	-	-	966.79		1804.53
1	-	120.69	-	-	-	-	-	-	1004.21		1848.72
1	-	125.72	-	-	-	-	-	-	1041.64		1906.50
1	-	40.46	-	-	-	-	-	-	407.30		878.01
1	-	55.54	-	-	-	-	-	-	519.50		1381.78

续前页

序号	代号	机械名称		规格型号	不变费用				
					折旧费	检修费	维护费	安拆辅助费	小计
					元				
275	8005039	混凝土输送泵车	排量 (m³/h)	60以内	BPL58-18	474.92	65.14	196.65	-	736.71
276	8005040			75以内	-	566.94	77.76	234.75	-	879.45
277	8005041			90以内	IPF-85B	788.97	108.22	326.69	-	1223.88
278	8005042			100以内	-	1096.22	150.36	534.92	-	1781.50
279	8005043			120以内	-	1206.15	165.44	588.56	-	1960.15
280	8005044			140以内	-	1350.64	185.26	659.08	-	2194.98
281	8005045			150以内	-	2286.67	313.65	1115.81	-	3716.13
282	8005046			170以内	-	2406.03	330.02	1174.07	-	3910.12
283	8005047	混凝土输送泵		10以内	HB10	126.65	38.20	85.41	7.51	257.77
284	8005048			20以内	HBT20	142.73	43.05	96.26	9.01	291.05
285	8005049			30以内	HBT30	217.11	65.48	148.42	10.51	441.52
286	8005050			45以内	BSA1405A	393.03	117.31	165.74	12.04	688.12
287	8005051			60以内	BSA1406,HBT60	479.01	142.97	202.00	13.98	837.96
288	8005052			80以内	BSA1406,HBT60	712.95	212.80	300.66	15.20	1241.61
289	8005053	混凝土振动台	台面尺寸 长×宽 (m×m)	1×2	HZT1×2	9.60	1.14	3.48	0.89	15.11
290	8005054			1.5×6.0	-	31.59	3.75	11.43	1.14	47.91
291	8005055			2.4×6.2	-	60.20	7.13	21.75	1.44	90.52

人工	汽油	柴油	重油	煤	电	水	木柴	其他费用	小计	定额基价
				可变费用						
工日		kg		t	kW·h	m³	kg		元	
1	-	76.00	-	-	-	-	-	-	671.72	1408.43
1	-	84.57	-	-	-	-	-	-	735.48	1614.93
1	-	93.14	-	-	-	-	-	-	799.24	2023.12
1	-	97.72	-	-	-	-	-	-	833.32	2614.82
1	-	101.14	-	-	-	-	-	-	858.76	2818.91
1	-	110.29	-	-	-	-	-	-	926.84	3121.82
1	-	116.57	-	-	-	-	-	-	973.56	4689.69
1	-	120.57	-	-	-	-	-	-	1003.32	4913.44
1	-	-	-	-	100.19	-	-	-	191.44	449.21
1	-	-	-	-	173.67	-	-	-	253.90	544.95
1	-	-	-	-	224.88	-	-	-	297.43	738.95
1	-	-	-	-	273.86	-	-	-	339.06	1027.18
1	-	-	-	-	371.83	-	-	-	422.34	1260.30
1	-	-	-	-	463.11	-	-	-	499.92	1741.53
1	-	-	-	-	36.13	-	-	-	136.99	152.10
1	-	-	-	-	67.10	-	-	-	163.32	211.23
1	-	-	-	-	123.87	-	-	-	211.57	302.09

续前页

序号	代号	机械名称	规格型号		不变费用				
					折旧费	检修费	维护费	安拆辅助费	小计
					元				
292	8005056	水泥混凝土搅拌站	生产能力（m³/h）	15 以内	149.83	32.27	87.26	-	269.36
293	8005057			25 以内	HZQ25 含水泥输送器水泥仓各2套 193.74	41.73	112.83	-	348.30
294	8005058			40 以内	HZS40 含水泥输送器水泥仓各2套 299.90	63.94	172.88	-	536.72
295	8005059			50 以内	HZS50 343.37	73.20	197.92	-	614.49
296	8005060			60 以内	HZS60 446.03	95.09	257.11	-	798.23
297	8005061			90 以内	HZS90 561.58	119.72	323.70	-	1005.00
298	8005062			120 以内	HZS120 711.61	151.72	410.20	-	1273.53
299	8005063			150 以内	- 864.81	184.38	498.52	-	1547.71
300	8005064			180 以内	- 1046.86	223.18	603.44	-	1873.48
301	8005065	混凝土布料机	布料半径（m）	15 以内	HGY13	74.08	12.76	33.60	4.21	124.65
302	8005066			20 以内	HGY17	170.94	29.46	77.54	6.89	284.83
303	8005067			30 以内	HGY28	230.29	39.27	103.39	8.10	381.05
304	8005068	混凝土振捣器	插入式	ZX-70	1.04	0.25	1.38	-	2.67
305	8005069		附着式	ZW5,ZW7	0.75	0.21	1.19	-	2.15
306	8005070	液压滑升机械	含50个千斤顶	YKT36,GYD-35	75.39	12.18	42.21	-	129.78
307	8005071	连续梁桥顶推设备	顶推力（kN）	400 以内	HNW-40	21.23	3.43	11.88	-	36.54
308	8005072			600 以内	TL1-60	28.99	4.68	16.23	-	49.90

	可变费用										定额基价
人工	汽油	柴油	重油	煤	电	水	木柴	其他费用	小计		
工日	kg				t	kW·h	m³	kg	元		
3	-	-	-	-	254.63	-	-	-	535.28	804.64
3	-	-	-	-	289.04	-	-	-	564.52	912.82
3	-	-	-	-	406.03	-	-	-	663.97	1200.69
3	-	-	-	-	495.50	-	-	-	740.02	1354.51
3	-	-	-	-	701.96	-	-	-	915.51	1713.74
3	-	-	-	-	853.36	-	-	-	1044.20	2049.20
3	-	-	-	-	1101.11	-	-	-	1254.78	2528.31
3	-	-	-	-	1341.98	-	-	-	1459.52	3007.23
3	-	-	-	-	1514.02	-	-	-	1605.76	3479.24
1	-	-	-	-	55.92	-	-	-	153.81	278.46
1	-	-	-	-	89.47	-	-	-	182.33	467.16
1	-	-	-	-	111.83	-	-	-	201.34	582.39
-	-	-	-	-	5.59	-	-	-	4.75	7.42
-	-	-	-	-	5.59	-	-	-	4.75	6.90
1	-	-	-	-	48.17	-	-	-	147.22	277.00
-	-	-	-	-	20.65	-	-	-	17.55	54.09
-	-	-	-	-	34.41	-	-	-	29.25	79.15

续前页

序号	代号	机械名称		规格型号	不变费用				
					折旧费	检修费	维护费	安拆辅助费	小计
					元				
309	8005073	预应力拉伸机	拉伸力（kN） 650 以内	YC60	9.33	1.51	6.92	-	17.76
310	8005074		900 以内	YC100	15.26	2.47	11.28	-	29.01
311	8005075		1200 以内	YC120	21.21	3.43	15.68	-	40.32
312	8005076		3000 以内	YC300	26.76	4.32	18.45	-	49.53
313	8005077		5000 以内	YC500	77.65	12.54	53.54	-	143.73
314	8005078	钢绞线拉伸设备	油泵、千斤顶各1	-	70.15	11.34	34.58	-	116.07
315	8005079	智能张拉系统		LX-MSP 型	164.10	22.98	85.01	-	272.09
316	8005080	钢绞线压花机	含泵	-	32.18	5.20	15.85	-	53.23
317	8005081	钢绞线穿束机		-	40.60	6.56	26.66	-	73.82
318	8005082	波纹管卷制机	含钢带点焊机	6D150(DN-10)	70.81	11.44	46.50	2.46	131.21
319	8005083	压浆机(含拌浆机)	生产率50L/min	HB50/15	8.19	1.33	7.46	-	16.98
320	8005084	智能压浆系统		HJZJ-2 型	163.01	22.83	128.31	2.82	316.97
321	8005085	预制块生产设备		-	405.98	14.73	38.18	94.52	553.41
322	8005086	泡沫轻质土生产设备		60m³/h	1273.98	386.55	811.71	-	2472.24

可 变 费 用									定额基价	
人工	汽油	柴油	重油	煤	电	水	木柴	其他费用	小计	
工日	kg			t	kW·h	m³	kg		元	
-	-	-	-	-	19.36	-	-	-	16.46	34.22
-	-	-	-	-	27.92	-	-	-	23.73	52.74
-	-	-	-	-	32.26	-	-	-	27.42	67.74
-	-	-	-	-	45.16	-	-	-	38.39	87.92
-	-	-	-	-	70.97	-	-	-	60.32	204.05
-	-	-	-	-	19.36	-	-	-	16.46	132.53
3	-	-	1	-	56.00	-	-	-	370.03	642.12
-	-	-	-	-	19.36	-	-	-	16.46	69.69
-	-	-	-	-	70.97	-	-	-	60.32	134.14
2	-	-	-	-	25.81	-	-	-	234.50	365.71
1	-	-	-	-	25.81	-	-	-	128.22	145.20
3	-	-	-	-	80.00	-	-	-	386.84	703.81
2	-	-	-	-	481.60	-	-	-	621.92	1175.33
3	-	-	-	-	832.01	-	-	-	1026.05	3498.29

序号	代号	机械名称		规格型号	不变费用				
					折旧费	检修费	维护费	安拆辅助费	小计
					元				
	8007	四、水平运输机械							
323	8007001	载货汽车	装载质量(t)	2 以内	-	35.76	4.94	28.17	-	68.87
324	8007002			3 以内	-	40.36	5.58	31.80	-	77.74
325	8007003			4 以内	CA10B	41.30	5.71	32.55	-	79.56
326	8007004			5 以内	-	43.02	5.95	33.92	-	82.89
327	8007005			6 以内	CA141K,CA1091K	48.91	6.76	38.55	-	94.22
328	8007006			8 以内	JN150	85.31	11.79	67.23	-	164.33
329	8007007			10 以内	JN161,JN162	97.22	13.44	76.65	-	187.31
330	8007008			12 以内	-	152.09	21.02	119.89	-	293.00
331	8007009			15 以内	SH161,T815	181.68	25.11	143.17	-	349.96
332	8007010			20 以内	CQ30290/38	215.03	29.72	169.47	-	414.22
333	8007011	自卸汽车		3 以内	-	58.85	6.27	28.31	-	93.43
334	8007012			5 以内	CA340	72.98	8.63	38.92	-	120.53
335	8007013			6 以内	CA/CQ340X	86.08	10.17	45.90	-	142.15
336	8007014			8 以内	QD351	139.85	15.05	51.09	-	205.99
337	8007015			10 以内	QD361	163.85	17.63	59.85	-	241.33
338	8007016			12 以内	T138,SX360	182.22	21.54	73.12	-	276.88
339	8007017			15 以内	SH361,T815	207.58	24.53	83.29	-	315.40
340	8007018			18 以内	-	236.81	27.99	95.02	-	359.82

可变费用											定额基价
人工	汽油	柴油	重油	煤	电	水	木柴	其他费用	小计		
工日	kg	kg	kg	t	kW·h	m³	kg		元		
1	20.14	-	-	-	-	-	-	-	273.24		342.11
1	26.12	-	-	-	-	-	-	-	322.81		400.55
1	34.29	-	-	-	-	-	-	-	390.54		470.10
1	43.54	-	-	-	-	-	-	-	467.23		550.12
1	-	39.24	-	-	-	-	-	-	398.23		492.45
1	-	44.95	-	-	-	-	-	-	440.71		605.04
1	-	50.29	-	-	-	-	-	-	480.44		667.75
1	-	57.14	-	-	-	-	-	-	531.40		824.40
1	-	61.72	-	-	-	-	-	-	565.48		915.44
1	-	81.14	-	-	-	-	-	-	709.96		1124.18
1	34.12	-	-	-	-	-	-	-	389.13		482.56
1	41.91	-	-	-	-	-	-	-	453.71		574.24
1	-	44.00	-	-	-	-	-	-	433.64		575.79
1	-	49.45	-	-	-	-	-	-	474.19		680.18
1	-	55.32	-	-	-	-	-	-	517.86		759.19
1	-	61.60	-	-	-	-	-	-	564.58		841.46
1	-	67.89	-	-	-	-	-	-	611.38		926.78
1	-	72.92	-	-	-	-	-	-	648.80		1008.62

续前页

序号	代号	机械名称		规格型号	不变费用				
					折旧费	检修费	维护费	安拆辅助费	小计
					元				
341	8007019	自卸汽车	20 以内	BJ374	289.96	34.26	116.32	－	440.54
342	8007020		30 以内	－	381.47	45.08	153.04	－	579.59
343	8007021	防爆型载货汽车	4 以内	CA10B	77.29	5.02	28.62	－	110.93
344	8007022	防爆型自卸汽车	15 以内	SH361，T815	225.11	25.32	85.96	－	336.39
345	8007023	平板拖车组	装载质量（t）	15 以内	JN462	171.67	16.84	80.98	－	269.49
346	8007024			20 以内	－	255.09	25.03	120.33	－	400.45
347	8007025			30 以内	－	379.38	37.22	178.97	－	595.57
348	8007026			40 以内	－	499.38	49.00	235.60	－	783.98
349	8007027			50 以内	－	539.17	52.90	254.34	－	846.41
350	8007028			60 以内	－	552.98	54.26	260.88	－	868.12
351	8007029			80 以内	－	796.90	95.01	456.80	－	1348.71
352	8007030			100 以内	－	1102.91	108.23	520.33	－	1731.47
353	8007031			120 以内	－	1442.51	141.54	680.51	－	2264.56
354	8007032			150 以内	－	1891.68	185.62	892.40	－	2969.70
355	8007033			200 以内	－	2479.05	243.26	1169.51	－	3891.82
356	8007034	运油汽车	容量（L）	3000 以内	－	71.86	11.22	58.07	－	141.15
357	8007035			5000 以内	－	88.10	13.80	71.37	－	173.27
358	8007036			8000 以内	－	115.74	18.13	93.78	－	227.65
359	8007037			10000 以内	－	138.80	21.97	113.67	－	274.44

可变费用											定额基价
人工	汽油	柴油	重油	煤	电	水	木柴	其他费用	小计		
工日		kg		t	kW·h	m³	kg		元		
1	-	77.11	-	-	-	-	-	-	679.98		1120.52
1	-	90.10	-	-	-	-	-	-	776.62		1356.21
1	34.29	-	-	-	-	-	-	-	390.54		501.47
1	-	67.89	-	-	-	-	-	-	611.38		947.77
2	-	40.46	-	-	-	-	-	-	513.58		783.07
2	-	45.26	-	-	-	-	-	-	549.29		949.74
2	-	50.40	-	-	-	-	-	-	587.54		1183.11
2	-	55.54	-	-	-	-	-	-	625.78		1409.76
2	-	62.40	-	-	-	-	-	-	676.82		1523.23
2	-	63.09	-	-	-	-	-	-	681.95		1550.07
2	-	80.57	-	-	-	-	-	-	812.00		2160.71
2	-	100.80	-	-	-	-	-	-	962.51		2693.98
2	-	143.32	-	-	-	-	-	-	1278.86		3543.42
2	-	163.89	-	-	-	-	-	-	1431.90		4401.60
2	-	182.06	-	-	-	-	-	-	1567.09		5458.91
1	29.39	-	-	-	-	-	-	-	349.92		491.07
1	34.29	-	-	-	-	-	-	-	390.54		563.81
1	-	44.95	-	-	-	-	-	-	440.71		668.36
1	-	87.62	-	-	-	-	-	-	758.17		1032.61

续前页

序号	代号	机械名称		规格型号	不变费用				
					折旧费	检修费	维护费	安拆辅助费	小计
					元				
360	8007038	加油汽车		5000 以内	-	80.17	16.92	87.51	-	184.60
361	8007039			8000 以内	-	108.89	22.98	118.88	-	250.75
362	8007040	洒水汽车	容量(L)	4000 以内	-	79.95	36.27	158.15	-	274.37
363	8007041			6000 以内	YGJ5102GSSEQ	89.56	40.64	177.19	-	307.39
364	8007042			8000 以内	YG5130GSSCA	130.22	59.08	257.62	-	446.92
365	8007043			10000 以内	YGJ5170GSSJN	176.50	80.08	349.18	-	605.76
366	8007044			15000 以内	-	196.84	89.30	389.41	-	675.55
367	8007045			20000 以内	-	226.75	102.88	448.61	-	778.24
368	8007046	机动翻斗车	装载质量(t)	1.0 以内	F10A	18.91	4.12	16.45	-	39.48
369	8007047			1.5 以内	F15	21.68	3.82	15.25	-	40.75
370	8007048			2.0 以内	F20	39.37	8.31	33.18	-	80.86
371	8007049	防爆型机动翻斗车		1.0 以内	F10A	45.97	3.18	12.71	-	61.86
372	8007050	轨道拖车头		功率30kW	-	23.35	7.88	31.49	-	62.72
373	8007051	轨道铁斗车	装载质量(t)	2 以内	翻斗式	5.58	1.30	5.19	-	12.07
374	8007052			4 以内	侧卸式	8.38	1.94	7.77	-	18.09
375	8007053			6 以内	U 型	11.17	2.59	10.34	-	24.10
376	8007054	手扶式拖拉机(带斗)		功率9kW	东风12,工农12	10.31	2.44	5.23	-	17.98

可变费用										定额基价
人工	汽油	柴油	重油	煤	电	水	木柴	其他费用	小计	
工日	kg	kg	kg	t	kW·h	m³	kg		元	
1	34.29	-	-	-	-	-	-	-	390.54	575.14
1	-	44.95	-	-	-	-	-	-	440.71	691.46
1	29.71	-	-	-	-	-	-	-	352.58	626.95
1	34.29	-	-	-	-	-	-	-	390.54	697.93
1	-	47.20	-	-	-	-	-	-	457.45	904.37
1	-	52.80	-	-	-	-	-	-	499.11	1104.87
1	-	114.40	-	-	-	-	-	-	957.42	1632.97
1	-	133.60	-	-	-	-	-	-	1100.26	1878.50
1	-	9.00	-	-	-	-	-	-	173.24	212.72
1	-	12.00	-	-	-	-	-	-	195.56	236.31
1	-	19.00	-	-	-	-	-	-	247.64	328.50
1	-	9.00	-	-	-	-	-	-	173.24	235.10
1	-	20.00	-	-	-	-	-	-	255.08	317.80
1	-	-	-	-	-	-	-	-	106.28	118.35
1	-	-	-	-	-	-	-	-	106.28	124.37
1	-	-	-	-	-	-	-	-	106.28	130.38
1	-	11.00	-	-	-	-	-	-	188.12	206.10

续前页

序号	代号	机械名称		规格型号	不变费用				
					折旧费	检修费	维护费	安拆辅助费	小计
					元				
377	8007055	电瓶车	装载质量（t）	3 以内	30.26	11.18	18.06	-	59.50
378	8007056			5 以内	38.29	14.14	31.48	-	83.91
379	8007057			8 以内	50.39	18.61	41.43	-	110.43
380	8007058			10 以内	59.49	21.97	48.90	-	130.36
381	8007059			12 以内	74.82	27.63	61.50	-	163.95
382	8007060	梭式矿车	斗容量（m³）	8 以内	70.36	14.85	24.30	-	109.51
383	8007061			14 以内	100.93	21.30	34.85	-	157.08
384	8007062			20 以内	162.29	34.25	56.04	-	252.58
385	8007063	轮胎式运梁车	装载质量（t）	120 以内	100.82	31.91	64.87	-	197.60
386	8007064			160 以内	139.60	44.19	89.83	-	273.62
387	8007065			180 以内	151.23	47.87	97.32	-	296.42
388	8007066			200 以内	217.15	68.74	139.74	-	425.63
389	8007067			260 以内	341.25	108.01	219.58	-	668.84
390	8007127	客货两用车		-	24.80	4.42	25.14	-	54.36

人工	汽油	柴油	重油	煤	电	水	木柴	其他费用	小计	定额基价
					可变费用					
工日		kg		t	kW·h	m³	kg		元	
1	-	-	-	-	85.01	-	-	-	178.54	238.04
1	-	-	-	-	127.52	-	-	-	214.67	298.58
1	-	-	-	-	204.03	-	-	-	279.71	390.14
1	-	-	-	-	250.79	-	-	-	319.45	449.81
1	-	-	-	-	306.04	-	-	-	366.41	530.36
2	-	-	-	-	67.30	-	-	-	269.77	379.28
2	-	-	-	-	113.35	-	-	-	308.91	465.99
2	-	-	-	-	134.60	-	-	-	326.97	579.55
1	-	48.00	-	-	-	-	-	-	463.40	661.00
1	-	72.00	-	-	-	-	-	-	641.96	915.58
1	-	78.17	-	-	-	-	-	-	687.86	984.28
1	-	80.00	-	-	-	-	-	-	701.48	1127.11
1	-	94.40	-	-	-	-	-	-	808.62	1477.46
1	16.00	-	-	-	-	-	-	-	238.92	293.28

序号	代号	机械名称		规格型号	不变费用				
					折旧费	检修费	维护费	安拆辅助费	小计
					元				
	8009	五、起重及垂直运输机械							
391	8009001	履带式起重机	提升质量（t）	10 以内	-	125.12	40.53	75.80	-	241.45
392	8009002			15 以内	-	182.24	59.03	110.39	-	351.66
393	8009003			20 以内	-	209.40	67.83	126.86	-	404.09
394	8009004			25 以内	QU25	240.43	77.88	145.65	-	463.96
395	8009005			30 以内	QU25	312.20	101.13	189.14	-	602.47
396	8009006			40 以内	-	350.27	113.46	212.19	-	675.92
397	8009007			50 以内	QUY50A	475.91	154.15	288.31	-	918.37
398	8009008			60 以内	-	611.64	122.61	229.32	-	963.57
399	8009009			70 以内	-	729.42	146.23	273.48	-	1149.13
400	8009010			80 以内	-	1043.39	209.17	391.20	-	1643.76
401	8009011			90 以内	-	1190.97	238.76	446.53	-	1876.26
402	8009012			100 以内	-	1289.91	258.59	483.62	-	2032.12
403	8009013			140 以内	-	1931.21	387.15	724.07	-	3042.43
404	8009014			150 以内	-	2000.84	401.10	750.16	-	3152.10
405	8009015			200 以内	-	2554.18	512.03	957.63	-	4023.84
406	8009016			250 以内	-	3096.53	620.76	1160.98	-	4878.27
407	8009017			300 以内	-	3437.33	689.08	1288.75	-	5415.16

可变费用											定额基价
人工	汽油	柴油	重油	煤	电	水	木柴	其他费用	小计		
工日		kg		t	kW·h	m³	kg		元		
2	-	24.72	-	-	-	-	-	-	396.48		637.93
2	-	32.27	-	-	-	-	-	-	452.65		804.31
2	-	36.88	-	-	-	-	-	-	486.95		891.04
2	-	42.74	-	-	-	-	-	-	530.55		994.51
2	-	52.80	-	-	-	-	-	-	605.39		1207.86
2	-	63.28	-	-	-	-	-	-	683.36		1359.28
2	-	88.00	-	-	-	-	-	-	867.28		1785.65
2	-	101.41	-	-	-	-	-	-	967.05		1930.62
2	-	112.31	-	-	-	-	-	-	1048.15		2197.28
2	-	113.15	-	-	-	-	-	-	1054.40		2698.16
2	-	113.98	-	-	-	-	-	-	1060.57		2936.83
2	-	114.82	-	-	-	-	-	-	1066.82		3098.94
2	-	117.34	-	-	-	-	-	-	1085.57		4128.00
2	-	125.72	-	-	-	-	-	-	1147.92		4300.02
2	-	152.96	-	-	-	-	-	-	1350.58		5374.42
2	-	170.14	-	-	-	-	-	-	1478.40		6356.67
2	-	176.42	-	-	-	-	-	-	1525.12		6940.28

续前页

序号	代号	机械名称	规格型号		不变费用			
					折旧费	检修费	维护费	安拆辅助费	小计
					元				
408	8009018	轮胎式起重机	8 以内	QLY8	98.50	33.26	103.10	-	234.86
409	8009019		16 以内	QLY16	221.63	74.83	231.97	-	528.43
410	8009020		20 以内	QLY16A	253.64	85.64	265.49	-	604.77
411	8009021		25 以内	QLY25	265.82	89.75	278.23	-	633.80
412	8009022		40 以内	RT740	344.84	116.43	360.94	-	822.21
413	8009023		50 以内	-	420.44	141.96	440.09	-	1002.49
414	8009024		60 以内	-	536.88	181.27	561.96	-	1280.11
415	8009025	汽车式起重机	提升质量(t)	5 以内	QY5	70.48	45.36	95.44	-	211.28
416	8009026			8 以内	QY8	96.32	62.00	130.44	-	288.76
417	8009027			12 以内	QY12	136.11	87.61	184.33	-	408.05
418	8009028			16 以内	QY16	182.18	117.26	246.72	-	546.16
419	8009029			20 以内	QY20	236.62	152.30	320.44	-	709.36
420	8009030			25 以内	QY25	280.60	180.60	379.98	-	841.18
421	8009031			30 以内	QY30	306.72	200.65	422.17	-	929.54
422	8009032			40 以内	QY40	550.73	354.46	745.80	-	1650.99
423	8009033			50 以内	QY50	732.91	471.71	992.49	-	2197.11
424	8009034			75 以内	QY75	1180.36	523.07	1100.56	-	2803.99
425	8009035			90 以内	-	1693.02	750.25	1578.56	-	4021.83
426	8009036			100 以内	-	1879.03	832.68	1751.98	-	4463.69
427	8009037			110 以内	-	2871.53	1272.50	2677.38	-	6821.41

人工	可变费用										定额基价
	汽油	柴油	重油	煤	电	水	木柴	其他费用	小计		
工日		kg			t	kW·h	m³	kg		元	
2	-	24.72	-	-	-	-	-	-	-	396.48	631.34
2	-	36.88	-	-	-	-	-	-	-	486.95	1015.38
2	-	42.74	-	-	-	-	-	-	-	530.55	1135.32
2	-	49.45	-	-	-	-	-	-	-	580.47	1214.27
2	-	60.34	-	-	-	-	-	-	-	661.49	1483.70
2	-	67.05	-	-	-	-	-	-	-	711.41	1713.90
2	-	80.46	-	-	-	-	-	-	-	811.18	2091.29
2	25.74	-	-	-	-	-	-	-	-	425.94	637.22
2	-	28.50	-	-	-	-	-	-	-	424.60	713.36
2	-	30.59	-	-	-	-	-	-	-	440.15	848.20
2	-	35.62	-	-	-	-	-	-	-	477.57	1023.73
2	-	38.55	-	-	-	-	-	-	-	499.37	1208.73
2	-	40.65	-	-	-	-	-	-	-	515.00	1356.18
2	-	41.91	-	-	-	-	-	-	-	524.37	1453.91
2	-	48.61	-	-	-	-	-	-	-	574.22	2225.21
2	-	51.96	-	-	-	-	-	-	-	599.14	2796.25
2	-	62.44	-	-	-	-	-	-	-	677.11	3481.10
2	-	67.47	-	-	-	-	-	-	-	714.54	4736.37
2	-	75.43	-	-	-	-	-	-	-	773.76	5237.45
2	-	79.20	-	-	-	-	-	-	-	801.81	7623.22

续前页

序号	代号	机械名称			规格型号	不变费用				
						折旧费	检修费	维护费	安拆辅助费	小计
						元				
428	8009038	汽车式起重机	提升质量(t)	120 以内	-	3364.04	1490.75	3136.60	-	7991.39
429	8009039			125 以内	-	3495.97	1549.21	3259.60	-	8304.78
430	8009040			130 以内	-	3559.73	1577.47	3319.05	-	8456.25
431	8009041			150 以内	-	3623.49	1605.72	3378.49	-	8607.70
432	8009042			160 以内	-	3803.79	1685.62	3546.60	-	9036.01
433	8009043			200 以内	-	4280.91	1897.05	3991.46	-	10169.42
434	8009044			350 以内	-	7538.46	3340.62	7028.76	-	17907.84
435	8009045			400 以内	-	8794.87	3897.38	8200.23	-	20892.48
436	8009046	高空作业车	最大作业高度(m)	10 以内	QYJ5040JGKZ10	65.19	28.09	53.67	-	146.95
437	8009047			15 以内	QYJ5060JGKZ15	127.63	54.99	105.07	-	287.69
438	8009048			20 以内	QYJ5060JGKZ18	198.05	84.45	161.38	-	443.88
439	8009049	塔式(附着式)起重机	最大提升质量6t以内	提升高度(m) 80 以内	QTZ63	229.64	79.47	318.25	-	627.36
440	8009050			150 以内	QTZ63	306.95	106.23	425.42	-	838.60
441	8009051			200 以内	QTZ63	362.17	125.33	501.94	-	989.44
442	8009052		最大提升质量8t以内	80 以内	QT80A,QTZ80	282.81	97.88	391.98	-	772.67
443	8009053			150 以内	QT80A,QTZ80	393.00	136.00	544.66	-	1073.66
444	8009054			200 以内	QT80A,QTZ80	471.70	163.24	653.74	-	1288.68
445	8009055		最大提升质量12t以内	80 以内	QT125,QTZ125	365.64	126.54	506.75	-	998.93
446	8009056			150 以内	QT125,QTZ125	512.56	177.38	710.37	-	1400.31
447	8009057			200 以内	QT125,QTZ125	586.02	202.81	812.19	-	1601.02

人工	可变费用										定额基价
	汽油	柴油	重油	煤	电	水	木柴	其他费用	小计		
工日	kg	kg			t	kW·h	m³	kg	元		
2	-	81.30	-	-	-	-	-	-	-	817.43	8808.82
2	-	97.22	-	-	-	-	-	-	-	935.88	9240.66
2	-	99.32	-	-	-	-	-	-	-	951.50	9407.75
2	-	100.99	-	-	-	-	-	-	-	963.93	9571.63
2	-	108.95	-	-	-	-	-	-	-	1023.15	10059.16
2	-	113.15	-	-	-	-	-	-	-	1054.40	11223.82
2	-	271.43	-	-	-	-	-	-	-	2232.00	20139.84
2	-	328.30	-	-	-	-	-	-	-	2655.11	23547.59
2	-	20.95	-	-	-	-	-	-	-	368.43	515.38
2	-	26.82	-	-	-	-	-	-	-	412.10	699.79
2	-	44.84	-	-	-	-	-	-	-	546.17	990.05
2	-	-	-	-	-	119.02	-	-	-	313.73	941.09
2	-	-	-	-	-	119.02	-	-	-	313.73	1152.33
2	-	-	-	-	-	119.02	-	-	-	313.73	1303.17
2	-	-	-	-	-	172.86	-	-	-	359.49	1132.16
2	-	-	-	-	-	172.86	-	-	-	359.49	1433.15
2	-	-	-	-	-	172.86	-	-	-	359.49	1648.17
2	-	-	-	-	-	226.70	-	-	-	405.26	1404.19
2	-	-	-	-	-	226.70	-	-	-	405.26	1805.57
2	-	-	-	-	-	226.70	-	-	-	405.26	2006.28

续前页

序号	代号	机械名称			规格型号	不变费用				
						折旧费	检修费	维护费	安拆辅助费	小计
						元				
448	8009058	桅杆式起重机		5 以内	WD5	36.40	16.90	72.13	—	125.43
449	8009059			10 以内	WD10	45.68	21.20	90.51	—	157.39
450	8009060			15 以内	WD15	60.79	28.22	120.47	—	209.48
451	8009061			25 以内	WD25	87.98	40.85	174.38	—	303.21
452	8009062			40 以内	WD40	126.52	58.73	250.74	—	435.99
453	8009063	龙门式起重机	跨度20m	提升质量（t）	5 以内	电动	46.97	19.82	70.52	—	137.31
454	8009064		跨度20m		10 以内	电动	102.69	43.34	154.18	—	300.21
455	8009065				20 以内	电动	126.33	53.32	189.68	—	369.33
456	8009066				30 以内	电动	166.83	70.41	250.49	—	487.73
457	8009067				40 以内	电动	184.69	72.10	256.49	—	513.28
458	8009068		跨度30m		50 以内	电动	203.39	79.41	282.49	—	565.29
459	8009069		跨度30m		60 以内	电动	219.32	85.62	304.59	—	609.53
460	8009070				80 以内	电动	304.34	109.82	390.68	—	804.84
461	8009071				100 以内	电动	478.68	163.64	582.15	—	1224.47
462	8009072		跨度42m		120 以内	电动	697.09	208.88	743.09	—	1649.06
463	8009073		跨度42m		250 以内	电动	947.68	263.97	939.09	—	2150.74
464	8009074		跨度50m		350 以内	电动	1395.93	332.86	1184.16	—	2912.95
465	8009075	跨缆吊机			—	1356.92	458.14	1303.89	—	3118.95
466	8009076	行走式桥面吊机			—	4835.90	225.09	533.85	—	5594.84

可变费用											定额基价
人工	汽油	柴油	重油	煤	电	水	木柴	其他费用	小计		
工日		kg			t	kW·h	m³	kg		元	
2	-	-	-	-	73.68	-	-	-	275.19		400.62
2	-	-	-	-	110.52	-	-	-	306.50		463.89
2	-	-	-	-	189.86	-	-	-	373.94		583.42
2	-	-	-	-	252.20	-	-	-	426.93		730.14
2	-	-	-	-	277.71	-	-	-	448.61		884.60
2	-	-	-	-	39.67	-	-	-	246.28		383.59
2	-	-	-	-	48.17	-	-	-	253.50		553.71
2	-	-	-	-	70.84	-	-	-	272.77		642.10
2	-	-	-	-	110.52	-	-	-	306.50		794.23
2	-	-	-	-	141.69	-	-	-	333.00		846.28
2	-	-	-	-	175.69	-	-	-	361.90		927.19
2	-	-	-	-	215.36	-	-	-	395.62		1005.15
2	-	-	-	-	277.71	-	-	-	448.61		1253.45
2	-	-	-	-	308.88	-	-	-	475.11		1699.58
2	-	-	-	-	345.72	-	-	-	506.42		2155.48
2	-	-	-	-	575.25	-	-	-	701.52		2852.26
2	-	-	-	-	884.13	-	-	-	964.07		3877.02
9	-	-	-	-	473.23	-	-	-	1358.77		4477.72
15	-	523.29	-	-	-	-	-	-	5487.48		11082.32

续前页

序号	代号	机械名称		规格型号	不变费用				
					折旧费	检修费	维护费	安拆辅助费	小计
					元				
467	8009077	悬臂吊机		提升质量130t以内	—	580.34	198.40	92.77	—	871.51
468	8009078	少先吊		提升质量1t以内	—	4.50	1.52	12.58	—	18.60
469	8009079	电动卷扬机	单筒慢动	10以内	JJM-1	3.79	1.31	3.55	1.90	10.55
470	8009080			30以内	JJM-3	6.36	2.19	5.95	2.28	16.78
471	8009081			50以内	JJM-5	7.38	2.55	6.91	2.73	19.57
472	8009082			80以内	JJM-8	20.10	6.93	18.80	3.28	49.11
473	8009083			100以内	JJM-10	32.21	11.10	30.13	3.93	77.37
474	8009084			200以内	JJM-20	77.95	26.87	72.91	4.72	182.45
475	8009085			300以内	JJM-32	118.97	41.01	111.29	5.66	276.93
476	8009086			500以内	JJM-50	160.00	55.15	149.66	6.79	371.60
477	8009087		单筒快动 牵引力(kN)	10以内	JJK-1	4.92	1.70	4.61	1.90	13.13
478	8009088			20以内	JJK-2	6.56	2.26	6.14	2.09	17.05
479	8009089			30以内	JJK-3	9.44	3.25	8.83	2.28	23.80
480	8009090			50以内	JJK-5	17.85	6.15	16.69	2.73	43.42
481	8009091			80以内	JJK-8	35.28	12.16	33.00	3.28	83.72
482	8009092			100以内	JJK-10	46.36	15.98	43.36	3.93	109.63
483	8009093		双筒慢动	10以内	JJ2M-1	4.04	1.40	3.79	2.47	11.70
484	8009094			30以内	JJ2M-3	9.00	3.10	8.42	2.98	23.50
485	8009095			50以内	JJ2M-5	14.70	5.06	13.74	3.56	37.06
486	8009096			80以内	JJ2M-8	21.39	7.37	20.00	4.27	53.03

可变费用											定额基价
人工	汽油	柴油	重油	煤	电	水	木柴	其他费用	小计		
工日	kg	kg	kg	t	kW·h	m³	kg		元		
2	-	-	-	-	188.10	-	-	-	372.45		1243.96
1	-	-	-	-	19.84	-	-	-	123.14		141.74
1	-	-	-	-	21.25	-	-	-	124.34		134.89
1	-	-	-	-	36.43	-	-	-	137.25		154.03
1	-	-	-	-	54.65	-	-	-	152.73		172.30
1	-	-	-	-	69.83	-	-	-	165.64		214.75
1	-	-	-	-	94.12	-	-	-	186.28		263.65
1	-	-	-	-	151.81	-	-	-	235.32		417.77
1	-	-	-	-	176.10	-	-	-	255.97		532.90
1	-	-	-	-	261.11	-	-	-	328.22		699.82
1	-	-	-	-	21.25	-	-	-	124.34		137.47
1	-	-	-	-	42.51	-	-	-	142.41		159.46
1	-	-	-	-	60.72	-	-	-	157.89		181.69
1	-	-	-	-	94.12	-	-	-	186.28		229.70
1	-	-	-	-	130.55	-	-	-	217.25		300.97
1	-	-	-	-	173.06	-	-	-	253.38		363.01
1	-	-	-	-	33.40	-	-	-	134.67		146.37
1	-	-	-	-	69.83	-	-	-	165.64		189.14
1	-	-	-	-	94.12	-	-	-	186.28		223.34
1	-	-	-	-	130.55	-	-	-	217.25		270.28

续前页

序号	代号	机械名称			规格型号	不变费用				
						折旧费	检修费	维护费	安拆辅助费	小计
						元				
487	8009097	电动卷扬机	双筒慢动	牵引力 (kN)	100 以内	JJ2M-10	29.54	10.18	27.63	5.14	72.49
488	8009098				250 以内	JJ2M-25	67.69	23.33	63.32	5.14	159.48
489	8009099		双筒快动		10 以内	JJ2K-1	5.33	1.84	4.99	2.47	14.63
490	8009100				20 以内	JJ2K-2	11.90	4.10	11.13	2.67	29.80
491	8009101				30 以内	JJ2K-3	17.64	6.08	16.50	2.98	43.20
492	8009102				50 以内	JJ2K-5	23.79	8.20	22.26	3.56	57.81
493	8009103				80 以内	JJ2K-8	36.10	12.44	33.77	4.27	86.58
494	8009104				100 以内	JJ2K-10	69.74	24.04	65.23	5.14	164.15
495	8009105	手摇卷扬机			10 以内	JS-1	0.85	0.29	0.78	1.98	3.90
496	8009106				30 以内	JS-3	1.32	0.45	1.23	2.19	5.19
497	8009107				50 以内	JS-5	1.89	0.65	1.78	2.45	6.77
498	8009108	皮带运输机		带长×带宽 (m×m)	10×0.5	—	17.24	8.01	28.57	2.24	56.06
499	8009109				15×0.5	—	23.87	11.08	39.54	2.80	77.29
500	8009110				20×0.5	—	30.50	14.16	50.51	3.35	98.52
501	8009111				30×0.5	—	41.68	19.35	69.02	3.91	133.96
502	8009112	电动葫芦		提升质量 (t)	2 以内	MD 型 $H=12m$	13.04	3.03	10.17	—	26.24
503	8009113				3 以内	MD 型 $H=12m$	14.96	3.47	11.65	—	30.08
504	8009114				5 以内	MD 型 $H=12m$	17.23	4.00	13.43	—	34.66
505	8009115				10 以内	MD 型 $H=12m$	32.91	7.64	20.34	—	60.89

人工	可变费用									定额基价
	汽油	柴油	重油	煤	电	水	木柴	其他费用	小计	
工日		kg		t	kW·h	m³	kg		元	
1	-	-	-	-	179.13	-	-	-	258.54	331.03
1	-	-	-	-	218.60	-	-	-	292.09	451.57
1	-	-	-	-	48.58	-	-	-	147.57	162.20
1	-	-	-	-	69.83	-	-	-	165.64	195.44
1	-	-	-	-	88.05	-	-	-	181.12	224.32
1	-	-	-	-	106.27	-	-	-	196.61	254.42
1	-	-	-	-	160.92	-	-	-	243.06	329.64
1	-	-	-	-	194.31	-	-	-	271.44	435.59
-	-	-	-	-	-	-	-	-	-	3.90
-	-	-	-	-	-	-	-	-	-	5.19
-	-	-	-	-	-	-	-	-	-	6.77
1	-	-	-	-	21.25	-	-	-	124.34	180.40
1	-	-	-	-	30.36	-	-	-	132.09	209.38
1	-	-	-	-	39.47	-	-	-	139.83	238.35
1	-	-	-	-	57.69	-	-	-	155.32	289.28
-	-	-	-	-	17.00	-	-	-	14.45	40.69
-	-	-	-	-	21.25	-	-	-	18.06	48.14
-	-	-	-	-	38.26	-	-	-	32.52	67.18
-	-	-	-	-	51.01	-	-	-	43.36	104.25

续前页

序号	代号	机械名称		规格型号	不变费用				
					折旧费	检修费	维护费	安拆辅助费	小计
					元				
506	8009116	电动葫芦		15 以内	MD 型 $H=12m$	55.64	12.91	34.39	-	102.94
507	8009117			20 以内	MD 型 $H=12m$	71.56	16.61	44.22	-	132.39
508	8009118			30 以内	MD 型 $H=12m$	99.32	23.06	61.41	-	183.79
509	8009119	内燃叉车	提升质量(t)	1 以内	CPC10A	28.38	15.57	32.76	-	76.71
510	8009120			2 以内	CPCD20C	33.50	18.38	38.68	-	90.56
511	8009121			3 以内	CPC30A	40.02	21.95	46.19	-	108.16
512	8009122			4 以内	CPC40A	48.86	26.80	56.39	-	132.05
513	8009123			5 以内	CPC50A	64.21	35.24	74.14	-	173.59
514	8009124			6 以内	-	71.94	39.47	204.60	-	316.01
515	8009125			10 以内	-	150.29	82.46	427.48	-	660.23
516	8009126			16 以内	-	188.11	103.21	535.00	-	826.32
517	8009127			20 以内	-	230.86	126.67	656.63	-	1014.16
518	8009128	施工电梯	单笼 提升高度(m)	75 以内	SC50	85.26	25.01	50.84	11.72	172.83
519	8009129			100 以内	-	93.60	27.46	55.82	13.42	190.30
520	8009130			150 以内	-	104.49	30.65	62.31	16.30	213.75

可变费用											定额基价
人工	汽油	柴油	重油	煤	电	水	木柴	其他费用	小计		
工日		kg			t	kW·h	m³	kg		元	
-	-	-	-	-	63.76	-	-	-	54.20		157.14
-	-	-	-	-	97.76	-	-	-	83.10		215.49
-	-	-	-	-	127.52	-	-	-	108.39		292.18
1	-	14.40	-	-	-	-	-	-	213.42		290.13
1	-	16.00	-	-	-	-	-	-	225.32		315.88
1	-	20.00	-	-	-	-	-	-	255.08		363.24
1	-	32.00	-	-	-	-	-	-	344.36		476.41
1	-	41.60	-	-	-	-	-	-	415.78		589.37
1	-	44.00	-	-	-	-	-	-	433.64		749.65
1	-	31.20	-	-	-	-	-	-	338.41		998.64
1	-	35.20	-	-	-	-	-	-	368.17		1194.49
1	-	38.40	-	-	-	-	-	-	391.98		1406.14
1	-	-	-	-	49.59	-	-	-	148.43		321.26
1	-	-	-	-	56.90	-	-	-	154.65		344.95
1	-	-	-	-	63.76	-	-	-	160.48		374.23

续前页

序号	代号	机械名称			规格型号	不变费用				
						折旧费	检修费	维护费	安拆辅助费	小计
						元				
521	8009131	施工电梯	双笼	提升高度(m)	100以内	-	116.82	34.26	69.65	16.42	237.15
522	8009132				200以内	-	127.70	37.45	76.14	19.91	261.20
523	8009133				300以内	-	249.92	72.26	146.89	23.67	492.74
524	8009134				400以内	-	305.99	88.46	179.84	26.97	601.26
525	8009135	2.0m×1.5m绞车			单筒	-	77.13	31.11	27.51	-	135.75
526	8009136				双筒	-	292.31	117.86	104.22	-	514.39
527	8009137	箱涵顶进设备		空顶自身质量(t)	≤500	-	24.39	3.94	10.98	-	39.31
528	8009138				≤1000	-	46.50	7.51	20.92	-	74.93
529	8009139				≤1500	-	64.87	10.48	29.19	-	104.54
530	8009140				≤2000	-	83.62	13.51	37.63	-	134.76
531	8009141				≤4000	-	115.68	18.69	52.06	-	186.43
532	8009142				≤5000	-	193.90	31.33	87.25	-	312.48
533	8009143	人工挖土法顶管设备		管径(mm)	≤1200	-	9.91	1.60	4.46	-	15.97
534	8009144				≤1650	-	12.44	2.01	5.61	-	20.06
535	8009145				≤2000	-	13.29	2.15	5.98	-	21.42
536	8009146				≤2460	-	13.48	2.17	6.05	-	21.70
537	8009147	挤压法顶管设备			≤1000	-	16.96	2.74	7.63	-	27.33
538	8009148				≤1500	-	24.50	3.96	11.03	-	39.49
539	8009149				≤1800	-	36.97	5.97	16.64	-	59.58

人工	可变费用									定额基价
	汽油	柴油	重油	煤	电	水	木柴	其他费用	小计	
工日	kg			t	kW·h	m³	kg		元	
1	-	-	-	-	88.55	-	-	-	181.55	418.70
1	-	-	-	-	162.94	-	-	-	244.78	505.98
1	-	-	-	-	177.11	-	-	-	256.82	749.56
1	-	-	-	-	184.19	-	-	-	262.84	864.10
1	-	-	-	-	52.83	-	-	-	151.19	286.94
1	-	-	-	-	149.03	-	-	-	232.96	747.35
2	-	-	-	-	42.24	-	-	-	248.46	287.77
2	-	-	-	-	42.24	-	-	-	248.46	323.39
2	-	-	-	-	42.24	-	-	-	248.46	353.00
2	-	-	-	-	105.60	-	-	-	302.32	437.08
2	-	-	-	-	105.60	-	-	-	302.32	488.75
2	-	-	-	-	134.40	-	-	-	326.80	639.28
1	-	-	-	-	149.86	-	-	-	233.66	249.63
1	-	-	-	-	200.26	-	-	-	276.50	296.56
1	-	-	-	-	250.66	-	-	-	319.34	340.76
1	-	-	-	-	280.98	-	-	-	345.11	366.81
1	-	-	-	-	172.80	-	-	-	253.16	280.49
1	-	-	-	-	249.60	-	-	-	318.44	357.93
1	-	-	-	-	326.40	-	-	-	383.72	443.30

续前页

序号	代号	机械名称		规格型号	不变费用				
					折旧费	检修费	维护费	安拆辅助费	小计
					元				
540	8009150	液压千斤顶	提升质量（kg）	100 以内	1.21	0.91	2.78	-	4.90
541	8009151			200 以内	1.62	1.23	3.75	-	6.60
542	8009152			300 以内	2.41	1.82	5.55	-	9.78
543	8009153	液压升降机		300 以内 提升高度9m	15.79	3.33	10.16	-	29.28
544	8009154			400 以内 提升高度9m	19.79	4.17	12.72	-	36.68
545	8009155			500 以内 提升高度9m	21.76	4.60	14.01	-	40.37
546	8009156	同步顶升设备		24 点同步	312.56	73.62	140.31	-	526.49

可 变 费 用											定额基价
人工	汽油	柴油	重油	煤	电	水	木柴	其他费用	小计	
工日	kg			t	kW·h	m³	kg		元	
-	-	-	-	-	-	-	-	-	-	4.90
-	-	-	-	-	-	-	-	-	-	6.60
-	-	-	-	-	-	-	-	-	-	9.78
1	-	-	-	-	-	-	-	-	106.28	135.56
1	-	-	-	-	-	-	-	-	106.28	142.96
1	-	-	-	-	-	-	-	-	106.28	146.65
1	-	-	-	-	162.30	-	-	-	244.24	770.73

序号	代号	机械名称			规格型号	不变费用				
						折旧费	检修费	维护费	安拆辅助费	小计
						元				
	8011	六、打桩、钻孔机械								
547	8011001	柴油打桩机	导杆式	锤质量（t）	0.6 以内	DD6 耗油 3.1L/h	40.56	23.59	62.33	2.76	129.24
548	8011002				1.2 以内	DD12 耗油 4.0L/h	47.52	27.64	73.03	3.35	151.54
549	8011003				1.6 以内	DD16 耗油 5.2L/h	58.08	33.78	89.26	3.95	185.07
550	8011004				1.8 以内	DD18 耗油 6.9L/h	68.64	39.92	81.56	5.13	195.25
551	8011005		轨道式		2.5 以内	D25	309.58	138.60	346.56	7.89	802.63
552	8011006				3.5 以内	D35	390.27	174.73	436.90	10.00	1011.90
553	8011007	重锤打桩机			0.5 以内	DZ500	10.00	4.09	11.15	2.76	28.00
554	8011008	振动打拔桩机		激振力（kN）	300 以内	-	240.91	113.00	307.81	4.73	666.45
555	8011009				400 以内	-	306.04	143.54	391.02	5.52	846.12
556	8011010				500 以内	-	387.32	181.67	494.87	6.08	1069.94
557	8011011				600 以内	-	459.79	215.66	587.46	6.68	1269.59
558	8011012	振动打拔桩锤			300 以内	DZ30	77.02	36.12	120.78	4.73	238.65
559	8011013				500 以内	DZ45	107.78	50.55	115.10	5.52	278.95
560	8011014				600 以内	DZ60	135.41	63.52	144.62	6.08	349.63
561	8011015				900 以内	DZ90	210.03	98.51	211.28	6.68	526.50
562	8011016				1500 以内	ZD150	321.82	150.95	323.73	7.35	803.85
563	8011017	液压式静力压桩机		压力（kN）	900 以内	-	196.62	92.22	251.22	-	540.06
564	8011018				1200 以内	-	256.43	120.27	327.62	-	704.32

人工	可变费用								小计	定额基价
	汽油	柴油	重油	煤	电	水	木柴	其他费用		
工日	kg	kg	kg	t	kW·h	m³	kg		元	元
2	-	17.48	-	-	32.45	-	-	-	370.19	499.43
2	-	23.32	-	-	55.43	-	-	-	433.18	584.72
2	-	30.18	-	-	71.98	-	-	-	498.28	683.35
2	-	37.86	-	-	85.74	-	-	-	567.12	762.37
2	-	41.77	-	-	123.33	-	-	-	628.16	1430.79
2	-	47.49	-	-	163.41	-	-	-	704.78	1716.69
2	-	14.26	-	-	74.00	-	-	-	381.55	409.55
2	-	-	-	-	135.66	-	-	-	327.87	994.32
2	-	-	-	-	181.91	-	-	-	367.18	1213.30
2	-	-	-	-	249.75	-	-	-	424.85	1494.79
2	-	-	-	-	289.83	-	-	-	458.92	1728.51
2	-	-	-	-	126.57	-	-	-	320.14	558.79
2	-	-	-	-	198.78	-	-	-	381.52	660.47
2	-	-	-	-	255.58	-	-	-	429.80	779.43
2	-	-	-	-	352.13	-	-	-	511.87	1038.37
2	-	-	-	-	511.16	-	-	-	647.05	1450.90
2	-	-	-	-	114.66	-	-	-	310.02	850.08
2	-	-	-	-	139.23	-	-	-	330.91	1035.23

续前页

序号	代号	机械名称		规格型号	不变费用				
					折旧费	检修费	维护费	安拆辅助费	小计
					元				
565	8011019	液压式静力压桩机	压力(kN)	1600 以内	331.79	155.62	423.92	-	911.33
566	8011020			2000 以内	465.71	218.43	595.02	-	1279.16
567	8011021			3000 以内	540.71	253.61	543.92	-	1338.24
568	8011022			4000 以内	1032.43	484.24	1038.54	-	2555.21
569	8011023			5000 以内	1040.70	488.12	1046.87	-	2575.69
570	8011024			6000 以内	1060.72	497.51	1067.01	-	2625.24
571	8011025			8000 以内	1215.82	285.13	1692.52	-	3193.47
572	8011026			10000 以内	1248.70	292.84	1738.32	-	3279.86
573	8011027	冲击钻机	电动	20型,22型	CZ-20,CZ-22	76.17	34.10	73.14	5.13	188.54
574	8011028			30型	CZ-30	108.81	48.72	104.49	5.70	267.72
575	8011029			JK8型	55kW	72.82	43.47	93.23	7.34	216.86
576	8011030			JK10型	75kW	85.26	50.89	109.13	8.28	253.56
577	8011031		机动	28型	-	118.39	70.67	151.58	6.40	347.04
578	8011032	冲击反循环钻机	钻孔直径(mm)	1200 以内	CJF-13	149.23	69.99	150.11	6.90	376.23
579	8011033			2000 以内	CJF-20A	211.41	99.16	212.66	7.46	530.69
580	8011034			2500 以内	YCJF-25	244.57	114.71	246.02	8.07	613.37
581	8011035	回旋钻机		1500 以内	GPS-15,ZJ150-1	226.94	111.28	300.88	13.45	652.55
582	8011036			2500 以内	QJ-250	408.10	200.12	579.71	17.84	1205.77
583	8011037			3000 以内	GZY-300	1041.14	510.52	1478.91	26.77	3057.34
584	8011038			3500 以内	-	1832.43	898.54	2602.93	35.42	5369.32

人工	可变费用										定额基价
	汽油	柴油	重油	煤	电	水	木柴	其他费用	小计		
工日		kg			t	kW·h	m³	kg		元	
2	-	-	-	-	188.37	-	-	-	372.67		1284.00
2	-	-	-	-	245.70	-	-	-	421.41		1700.57
2	-	-	-	-	376.74	-	-	-	532.79		1871.03
2	-	96.57	-	-	-	-	-	-	931.04		3486.25
2	-	102.52	-	-	-	-	-	-	975.31		3551.00
2	-	109.20	-	-	-	-	-	-	1025.01		3650.25
2	-	112.92	-	-	-	-	-	-	1052.68		4246.15
2	-	125.55	-	-	-	-	-	-	1146.65		4426.51
2	-	-	-	-	98.28	-	-	-	296.10		484.64
2	-	-	-	-	178.69	-	-	-	364.45		632.17
2	-	-	-	-	179.34	-	-	-	365.00		581.86
2	-	-	-	-	260.04	-	-	-	433.59		687.15
2	-	33.00	-	-	-	-	-	-	458.08		805.12
2	-	-	-	-	410.08	-	-	-	561.13		937.36
2	-	-	-	-	528.78	-	-	-	662.02		1192.71
2	-	-	-	-	620.51	-	-	-	739.99		1353.36
2	-	-	-	-	566.56	-	-	-	694.14		1346.69
2	-	-	-	-	782.39	-	-	-	877.59		2083.36
3	-	-	-	-	1025.20	-	-	-	1190.26		4247.60
3	-	-	-	-	1327.36	-	-	-	1447.10		6816.42

续前页

序号	代号	机械名称		规格型号	不变费用				
					折旧费	检修费	维护费	安拆辅助费	小计
					元				
585	8011039	汽车式钻孔机	钻孔直径（mm）	1000 以内	164.64	74.48	215.77	-	454.89
586	8011040			2000 以内	SPC300H, GJC40H	219.54	98.29	284.74	-	602.57
587	8011041	潜水钻机		1125 以内	GZQ1250B 含砂石	80.92	36.61	106.04	9.25	232.82
588	8011042			1500 以内	RRC-15 含砂石	205.65	92.07	266.71	11.29	575.72
589	8011043			2500 以内	RRC-20B 含砂石	378.68	137.25	371.08	13.34	900.35
590	8011044	全套管钻孔机		1500 以内	MT150	1938.28	661.18	1787.64	17.68	4404.78
591	8011045			2000 以内	MT200	2445.06	834.04	2924.74	26.54	6230.38
592	8011046	履带式旋挖钻机		800	-	448.32	143.37	467.79	-	1059.48
593	8011047			1000	-	522.31	167.03	544.98	-	1234.32
594	8011048			1200	-	687.71	219.92	717.56	-	1625.19
595	8011049			1500	-	957.56	306.22	999.14	-	2262.92
596	8011050			1800	-	1305.77	417.58	955.00	-	2678.35
597	8011051			2000	-	1523.40	487.17	1114.16	-	3124.73
598	8011052	旋挖钻机			SR220R	1741.03	623.05	1475.77	-	3839.85
599	8011053				SR250R	1948.29	715.85	1648.03	-	4312.17
600	8011054				SR280R	2238.46	828.97	1895.96	-	4963.39
601	8011055	泥浆制作循环设备			-	65.19	15.29	53.62	-	134.10
602	8011056	泥浆分离器			ZX-200	85.70	20.31	71.22	0.94	178.17
603	8011057	泥浆搅拌机		容量 100~150L		2.16	1.58	5.55	-	9.29

可变费用											定额基价
人工	汽油	柴油	重油	煤	电	水	木柴	其他费用	小计		
工日		kg		t	kW·h	m³	kg		元		
2	–	14.46	–	–	80.70	–	–	–	388.74		843.63
2	–	16.97	–	–	89.05	–	–	–	414.51		1017.08
2	–	–	–	–	458.64	–	–	–	602.40		835.22
2	–	–	–	–	620.51	–	–	–	739.99		1315.71
2	–	–	–	–	755.41	–	–	–	854.66		1755.01
2	–	178.54	–	–	–	–	–	–	1540.90		5945.68
2	–	206.00	–	–	–	–	–	–	1745.20		7975.58
2	–	142.00	–	–	–	–	–	–	1269.04		2328.52
2	–	146.00	–	–	–	–	–	–	1298.80		2533.12
2	–	153.00	–	–	–	–	–	–	1350.88		2976.07
2	–	163.00	–	–	–	–	–	–	1425.28		3688.20
2	–	167.00	–	–	–	–	–	–	1455.04		4133.39
2	–	179.78	–	–	–	–	–	–	1550.12		4674.85
2	–	198.00	–	–	–	–	–	–	1685.68		5525.53
2	–	264.00	–	–	–	–	–	–	2176.72		6488.89
2	–	330.00	–	–	–	–	–	–	2667.76		7631.15
1	–	–	–	–	144.00	–	–	–	228.68		362.78
2	–	–	–	–	48.00	–	–	–	253.36		431.53
1	–	–	–	–	10.50	–	–	–	115.21		124.50

续前页

序号	代号	机械名称			规格型号	不变费用				
						折旧费	检修费	维护费	安拆辅助费	小计
						元				
604	8011058	袋装砂井机	不带门架		DZS	49.46	15.98	56.04	3.44	124.92
605	8011059		带门架		DZS	161.07	34.70	121.67	11.50	328.94
606	8011060	振冲器	功率(kW)	13	ZCQ-13	18.87	8.13	28.51	-	55.51
607	8011061			30	ZCQ-30	28.72	12.37	43.39	-	84.48
608	8011062			55	ZCQ-55	39.38	16.97	59.50	-	115.85
609	8011063			75	ZCQ-75	68.10	29.34	102.89	-	200.33
610	8011064	螺旋钻孔机	钻孔直径(mm)	400以内	-	143.60	30.93	84.26	1.22	260.01
611	8011065			600以内	-	169.23	36.46	99.31	1.46	306.46
612	8011066			800以内	-	265.21	56.54	154.03	1.92	477.70
613	8011067	铣槽机			CBC25/MBC30	5821.46	992.89	2290.91	-	9105.26
614	8011068	履带式液压抓斗成槽机			KH180MHL-800	1148.45	195.88	451.95	-	1796.28
615	8011069	履带式绳索抓斗成槽机			550A-50MHL-630	630.68	107.57	787.24	-	1525.49
616	8011070	液压冲击重凿机			-	1103.62	247.06	1808.04	-	3158.72
617	8011071	锁口管顶升机			-	40.71	6.58	48.12	2.31	97.72
618	8011072	高压旋喷钻机	标准高度18m		XP-30	128.21	31.76	67.79	-	227.76
619	8011073	粉体发送设备			GS-1	7.52	4.70	10.03	-	22.25
620	8011074	高压注浆泵	排出压力44MPa		GZB-40A	33.91	19.72	42.08	-	95.71

人工	汽油	柴油	重油	煤	电	水	木柴	其他费用	小计	定额基价
				可变费用						
工日		kg			t	kW·h	m³	kg		元
2	-	-	-	-	94.50	-	-	-	292.89	417.81
2	-	-	-	-	157.50	-	-	-	346.44	675.38
2	-	-	-	-	63.00	-	-	-	266.11	321.62
2	-	-	-	-	147.00	-	-	-	337.51	421.99
2	-	-	-	-	273.00	-	-	-	444.61	560.46
2	-	-	-	-	372.75	-	-	-	529.40	729.73
2	-	-	-	-	162.75	-	-	-	350.90	610.91
2	-	-	-	-	241.50	-	-	-	417.84	724.30
2	-	-	-	-	404.25	-	-	-	556.17	1033.87
4	-	216.00	-	-	-	-	-	-	2032.16	11137.42
2	-	110.10	-	-	-	-	-	-	1031.70	2827.98
4	-	138.28	-	-	-	-	-	-	1453.92	2979.41
5	-	147.83	-	-	-	-	-	-	1631.26	4789.98
2	-	63.89	-	-	-	-	-	-	687.90	785.62
1	-	-	-	-	135.69	-	-	-	221.62	449.38
1	-	-	-	-	8.19	-	-	-	113.24	135.49
1	-	-	-	-	49.14	-	-	-	148.05	243.76

续前页

序号	代号	机械名称		规格型号	不变费用				
					折旧费	检修费	维护费	安拆辅助费	小计
					元				
621	8011075	深层喷射搅拌机	搅拌深度（m） 15 以内	GPP-5B	131.05	70.58	150.65	-	352.28
622	8011076	深层喷射搅拌机	18 以内	GPP-5B	137.89	74.26	158.51	-	370.66
623	8011077	深层喷射搅拌机	25 以内	GPP-5B	144.16	80.74	172.35	-	397.25
624	8011078	混凝土钻孔取芯机		$\phi 200$ 以内	75.21	15.91	28.75	9.13	129.00
625	8011079	混凝土钻孔取芯机		$\phi 300$ 以内	90.60	29.16	47.61	12.78	180.15
626	8011080	低速搅拌器		100L 以内	1.41	1.25	5.48	-	8.14
627	8011081	多辊板料校平机		16mm×2000mm	801.88	64.69	43.66	-	910.23
628	8011082	磁力空心钻		-	13.08	5.59	7.37	-	26.04
629	8011083	刨边机		-	226.75	33.76	31.08	-	291.59
630	8011084	手持式砂轮机		-	4.44	-	7.10	-	11.54
631	8011085	磁粉探伤机		6000A	74.02	19.71	26.59	-	120.32
632	8011086	电动手持冲击钻		3kW 以内	1.58	1.35	5.08	-	8.01
633	8011087	护栏液压打桩（钻孔）机		27.2kW	28.08	6.44	15.72	-	50.24

				可变费用						定额基价
人工	汽油	柴油	重油	煤	电	水	木柴	其他费用	小计	
工日		kg		t	kW·h	m³	kg		元	
1	-	-	-	-	139.23	-	-	-	224.63	576.91
1	-	-	-	-	233.42	-	-	-	304.69	675.35
1	-	-	-	-	282.56	-	-	-	346.46	743.71
1	-	-	-	-	22.00	2.00	-	-	130.42	259.42
1	-	-	-	-	38.00	2.50	-	-	145.38	325.53
1	-	-	-	-	14.00	-	-	-	118.18	126.32
2	-	-	-	-	120.60	-	-	-	315.07	1225.30
-	-	-	-	-	15.60	-	-	-	13.26	39.30
3	-	-	-	-	75.89	-	-	-	383.35	674.94
-	-	-	-	-	6.00	-	-	-	5.10	16.64
1	-	-	-	-	39.00	-	-	-	139.43	259.75
1	-	-	-	-	18.00	-	-	-	121.58	129.59
1	-	22.78	-	-	-	-	-	-	275.76	326.00

序号	代号	机械名称			规格型号	不变费用				
						折旧费	检修费	维护费	安拆辅助费	小计
						元				
	8013	七、泵类机械								
634	8013001	单级离心清水泵	电动	出水口直径（mm）	50 以内	2BA－36	2.36	0.49	1.19	0.78	4.82
635	8013002				100 以内	B100－40A	6.69	1.37	3.54	1.05	12.65
636	8013003				150 以内	IS200－150	9.62	1.97	5.08	1.31	17.98
637	8013004				200 以内	250S－24	12.62	2.58	6.67	1.56	23.43
638	8013005				250 以内	12H－13A	26.95	5.51	14.24	1.82	48.52
639	8013006		机动		50 以内	2BA－9	2.83	0.57	1.40	0.78	5.58
640	8013007				100 以内	4BA－12	6.60	1.35	3.30	1.05	12.30
641	8013008				150 以内	6BA－12	10.09	2.06	5.02	1.31	18.48
642	8013009				200 以内	8BA－18	16.97	3.47	8.47	1.56	30.47
643	8013010				250 以内	10SH－13A	33.55	6.87	16.75	1.82	58.99
644	8013011	多级离心清水泵	电动		100 以内	DA1－100－6,$H \leqslant 120m$	10.93	2.24	5.45	2.02	20.64
645	8013012				100 以内	DA1－100－8,$H > 120m$	12.72	2.61	6.36	2.02	23.71
646	8013013				150 以内	DA1－150－6,$H \leqslant 180m$	27.14	5.55	13.54	2.42	48.65
647	8013014				150 以内	DA1－150－8,$H > 180m$	35.15	7.19	17.55	2.42	62.31
648	8013015		机动		150 以内	DA1－150－6,$H \leqslant 180m$	37.25	7.62	19.98	－	64.85
649	8013016				150 以内	DA1－150－8,$H > 180m$	41.74	8.54	22.39	－	72.67
650	8013017	单级自吸式水泵			150 以内	机动	24.21	9.13	21.81	1.31	56.46

可变费用											定额基价
人工	汽油	柴油	重油	煤	电	水	木柴	其他费用	小计		
工日		kg			t	kW·h	m³	kg	元		
-	-	-	-	-	39.67	-	-	-	33.72		38.54
-	-	-	-	-	54.55	-	-	-	46.37		59.02
-	-	-	-	-	148.77	-	-	-	126.45		144.43
-	-	-	-	-	272.75	-	-	-	231.84		255.27
-	-	-	-	-	371.93	-	-	-	316.14		364.66
-	-	8.40	-	-	-	-	-	-	62.50		68.08
-	-	14.40	-	-	-	-	-	-	107.14		119.44
-	-	20.00	-	-	-	-	-	-	148.80		167.28
-	-	29.33	-	-	-	-	-	-	218.22		248.69
-	-	50.00	-	-	-	-	-	-	372.00		430.99
-	-	-	-	-	238.09	-	-	-	202.38		223.02
-	-	-	-	-	335.16	-	-	-	284.89		308.60
-	-	-	-	-	485.10	-	-	-	412.34		460.99
-	-	-	-	-	603.08	-	-	-	512.62		574.93
-	-	74.67	-	-	-	-	-	-	555.54		620.39
-	-	93.87	-	-	-	-	-	-	698.39		771.06
-	-	28.00	-	-	-	-	-	-	208.32		264.78

续前页

序号	代号	机械名称		规格型号	不变费用				
					折旧费	检修费	维护费	安拆辅助费	小计
					元				
651	8013018	潜水泵	出水口直径（mm）	50 以内	1.57	0.50	2.77	0.78	5.62
652	8013019			100 以内	2.45	0.80	4.37	1.05	8.67
653	8013020			150 以内	7.52	2.43	13.34	1.31	24.60
654	8013021	污水泵		100 以内	7.34	1.50	4.95	1.31	15.10
655	8013022			150 以内	9.00	1.84	6.05	1.31	18.20
656	8013023	泥浆泵		50 以内	8.73	1.79	6.35	0.78	17.65
657	8013024			100 以内	17.98	3.68	13.08	1.05	35.79
658	8013025	砂泵		65 以内	7.01	1.13	3.58	1.05	12.77
659	8013026			100 以内	11.68	1.89	5.77	1.31	20.65
660	8013027			150 以内	24.31	3.92	11.97	1.05	41.25
661	8013028	射流井点泵		最大抽吸深度 10m	6.18	1.00	3.05	1.22	11.45
662	8013029	真空泵		最大抽吸速度 204m^3/h	9.57	1.55	4.72	1.40	17.24
663	8013030			最大抽吸速度 600m^3/h	13.26	2.14	6.52	1.56	23.48
664	8013031	油泵		50Fs－25	2.66	0.43	1.46	6.36	10.91
665	8013032			100Fs－37A	2.93	0.48	1.62	6.36	11.39
666	8013033			ZB4－500	13.59	1.41	4.43	7.05	26.48

人工	汽油	柴油	重油	煤	电	水	木柴	其他费用	小计	定额基价
		可 变 费 用								
工日		kg		t	kW·h	m³	kg		元	
-	-	-	-	-	12.98	-	-	-	11.03	16.65
-	-	-	-	-	25.96	-	-	-	22.07	30.74
-	-	-	-	-	51.93	-	-	-	44.14	68.74
-	-	-	-	-	93.51	-	-	-	79.48	94.58
-	-	-	-	-	255.04	-	-	-	216.78	234.98
-	-	-	-	-	54.55	-	-	-	46.37	64.02
-	-	-	-	-	272.75	-	-	-	231.84	267.63
-	-	-	-	-	109.10	-	-	-	92.74	105.51
-	-	-	-	-	272.75	-	-	-	231.84	252.49
-	-	-	-	-	371.93	-	-	-	316.14	357.39
-	-	-	-	-	54.55	-	-	-	46.37	57.82
-	-	-	-	-	54.55	-	-	-	46.37	63.61
-	-	-	-	-	123.98	-	-	-	105.38	128.86
-	-	-	-	-	131.77	-	-	-	112.00	122.91
-	-	-	-	-	212.53	-	-	-	180.65	192.04
-	-	-	-	-	456.39	-	-	-	387.93	414.41

序号	代号	机械名称		规格型号	不变费用				
					折旧费	检修费	维护费	安拆辅助费	小计
					元				
	8015	八、金属、木、石料加工机械							
667	8015001	钢筋调直切断机	直径（mm）	14 以内	GT4－14 调直切断	11.28	2.07	5.59	0.73	19.67
668	8015002	钢筋切断机		40 以内	GJ40	6.71	1.23	5.54	0.73	14.21
669	8015003	钢筋弯曲机		40 以内	GW40	5.64	1.03	5.37	0.73	12.77
670	8015004	钢筋直螺纹滚丝机		40 以内	BGS－40	25.13	4.60	23.91	0.73	54.37
671	8015005	钢筋镦头机		14 以内	LD10 含油泵	6.53	1.19	4.95	0.38	13.05
672	8015006	数控钢筋弯箍机			－	123.08	22.54	117.06	2.26	264.94
673	8015007	数控立式钢筋弯曲中心			－	170.94	31.30	162.59	2.26	367.09
674	8015008	全自动钢筋笼滚焊机			－	68.38	12.52	65.05	3.20	149.15
675	8015009	钢筋挤压连接机		$d \leqslant 45mm$	－	21.11	1.14	2.55	－	24.80
676	8015010	钢丝缠束机			－	2.97	1.09	3.42	0.38	7.86
677	8015011	钢缆缠丝机		缆径 800mm 以内	－	493.29	68.36	145.92	1.40	708.97
678	8015012	钢缆压紧机		缆径 800mm 以内	－	553.81	76.75	163.81	1.41	795.78
679	8015013	木工圆锯机	锯片直径（mm）	500 以内	MJ－106	2.58	0.48	1.04	1.46	5.56
680	8015014			600 以内	MJ－109	4.09	0.75	1.64	1.51	7.99
681	8015015			1000 以内	MJ－109	5.81	1.06	2.32	1.76	10.95
682	8015016	木工带锯机（带跑车）		锯轮直径 1250mm 以内	MDJ1250	15.13	2.61	5.96	2.04	25.74
683	8015017	木工平刨床	刨削宽度（mm）	300 以内	MB503A	2.27	0.39	1.53	0.73	4.92
684	8015018			450 以内	MB504B	7.66	1.32	5.17	0.73	14.88

可变费用											定额基价
人工	汽油	柴油	重油	煤	电	水	木柴	其他费用	小计		
工日	kg	kg	kg	t	kW·h	m³	kg		元		
-	-	-	-	-	13.36	-	-	-	11.36		31.03
-	-	-	-	-	29.90	-	-	-	25.42		39.63
-	-	-	-	-	14.00	-	-	-	11.90		24.67
-	-	-	-	-	24.34	-	-	-	20.69		75.06
-	-	-	-	-	43.81	-	-	-	37.24		50.29
1	-	-	48	-	231.56	-	-	-	475.43		740.37
1	-	-	56	-	235.96	-	-	-	507.89		874.98
1	-	-	-	-	714	-	-	-	713.18		862.33
-	-	-	-	-	14.6	-	-	-	12.41		37.21
-	-	-	-	-	14.60	-	-	-	12.41		20.27
2	-	-	-	-	323.75	-	-	-	487.75		1196.72
2	-	-	-	-	71.40	-	-	-	273.25		1069.03
1	-	-	-	-	25.96	-	-	-	128.35		133.91
1	-	-	-	-	45.44	-	-	-	144.90		152.89
1	-	-	-	-	75.55	-	-	-	170.50		181.45
1	-	-	-	-	236.92	-	-	-	307.66		333.40
-	-	-	-	-	10.10	-	-	-	8.59		13.51
-	-	-	-	-	13.46	-	-	-	11.44		26.32

续前页

序号	代号	机械名称			规格型号	不变费用				
						折旧费	检修费	维护费	安拆辅助费	小计
						元				
685	8015019	木工压刨床	单面	刨削宽度（mm） 600 以内	MB106	7.00	1.21	3.35	0.73	12.29
686	8015020		双面	600 以内	MB206A	10.11	1.74	4.81	0.73	17.39
687	8015021		三面	400 以内	MB304	21.00	3.62	8.25	0.73	33.60
688	8015022		四面	300 以内	MB403	27.46	4.74	10.79	0.73	43.72
689	8015023	木工开榫机		长度 160mm 以内	MX2116A	21.84	3.76	9.57	0.73	35.90
690	8015024	木工打眼机		钻孔直径 50mm 以内	MK515A	3.41	0.59	1.81	–	5.81
691	8015025	木工裁口机(多面)		宽度 50mm 以内	–	5.44	1.82	4.63	0.73	12.62
692	8015026	木工榫槽机		榫槽深度 100mm 以内	MK362	3.07	0.53	1.59	0.73	5.92
693	8015027	交流电弧焊机		容量（kV·A） 21 以内	BX1－220	1.86	0.38	1.61	0.23	4.08
694	8015028			32 以内	BX1－330	2.39	0.49	2.06	0.23	5.17
695	8015029			42 以内	BX2－500	2.50	0.51	2.17	0.24	5.42
696	8015030			50 以内	BX2－700	2.82	0.57	2.43	0.29	6.11
697	8015031			80 以内	–	3.62	0.74	3.14	0.34	7.84
698	8015032	直流电弧焊机		功率（kW） 10 以内	AX3－300	2.56	0.52	1.62	0.24	4.94
699	8015033			15 以内	AX－320	4.31	0.88	2.74	0.30	8.23
700	8015034			20 以内	–	4.62	0.95	2.93	0.38	8.88
701	8015035			32 以内	AX－500	6.12	1.25	3.89	0.44	11.70
702	8015036	硅整流电弧焊机		容量（kV·A） 15 以内	–	5.85	0.95	2.93	0.39	10.12
703	8015037			20 以内	–	6.98	1.13	3.50	0.39	12.00

可变费用										定额基价
人工	汽油	柴油	重油	煤	电	水	木柴	其他费用	小计	
工日	kg	kg	kg	t	kW·h	m³	kg		元	
–	–	–	–	–	28.34	–	–	–	24.09	36.38
–	–	–	–	–	42.51	–	–	–	36.13	53.52
–	–	–	–	–	53.90	–	–	–	45.82	79.42
–	–	–	–	–	63.16	–	–	–	53.69	97.41
–	–	–	–	–	26.32	–	–	–	22.37	58.27
–	–	–	–	–	5.26	–	–	–	4.47	10.28
–	–	–	–	–	36.84	–	–	–	31.31	43.93
–	–	–	–	–	31.58	–	–	–	26.84	32.76
1	–	–	–	–	68.10	–	–	–	164.17	168.25
1	–	–	–	–	85.62	–	–	–	179.06	184.23
1	–	–	–	–	136.61	–	–	–	222.40	227.82
1	–	–	–	–	155.00	–	–	–	238.03	244.14
1	–	–	–	–	213.19	–	–	–	287.49	295.33
1	–	–	–	–	34.65	–	–	–	135.73	140.67
1	–	–	–	–	52.63	–	–	–	151.02	159.25
1	–	–	–	–	70.18	–	–	–	165.93	174.81
1	–	–	–	–	91.32	–	–	–	183.90	195.60
1	–	–	–	–	38.77	–	–	–	139.23	149.35
1	–	–	–	–	25.39	–	–	–	127.86	139.86

续前页

序号	代号	机械名称			规格型号	不变费用				
						折旧费	检修费	维护费	安拆辅助费	小计
						元				
704	8015038	氩弧焊机		500 以内	−	17.82	2.88	8.93	0.39	30.02
705	8015039	CO_2 保护焊机	电流(A)	250 以内	−	16.70	2.70	8.35	0.39	28.14
706	8015040	等离子弧焊机		300 以内	−	25.80	4.17	12.94	0.39	43.30
707	8015041	等离子切割机		400 以内	−	12.82	2.07	6.41	1.11	22.41
708	8015042	半自动切割机		厚度 100mm	−	2.53	0.41	1.26	1.28	5.48
709	8015043	自动埋弧焊机	电流(A)	500 以内	MZ−500	17.75	2.10	6.52	1.11	27.48
710	8015044			1200 以内	MZ−1000	21.94	2.60	8.06	1.11	33.71
711	8015045			1500 以内	MZ−1500	26.59	3.15	9.76	1.11	40.61
712	8015046	交流对焊机	容量(kV·A)	25 以内	UN1−25	3.50	0.83	3.48	0.73	8.54
713	8015047			75 以内	UN1−75	6.58	1.56	6.51	0.90	15.55
714	8015048			100 以内	UN1−100	7.66	1.81	7.59	1.07	18.13
715	8015049			150 以内	LM−150−2	9.23	2.19	9.18	1.39	21.99
716	8015050	缝焊机		150 以内	−	18.03	2.14	8.96	1.39	30.52
717	8015051	交流点焊机	短臂	50 以内	DN1−50	3.30	0.60	2.08	0.73	6.71
718	8015052		长臂	75 以内	DN1−75	5.26	0.96	3.33	0.90	10.45
719	8015053			100 以内	DN1−100	9.62	1.76	6.08	1.07	18.53
720	8015054		多头	6×35		21.54	3.94	13.62	1.07	40.17
721	8015056	电焊条烘干箱	容量(cm×cm×cm)	45×35×45	−	5.53	1.89	3.84	−	11.26
722	8015057			55×45×55	−	7.24	2.70	5.50		15.44

人工	可变费用										定额基价
	汽油	柴油	重油	煤	电	水	木柴	其他费用	小计		
工日	kg				t	kW·h	m³	kg		元	
1	-	-	-	-	106.62	-	-	-	196.91	226.93
1	-	-	-	-	53.31	-	-	-	151.59	179.73
1	-	-	-	-	60.58	-	-	-	157.77	201.07
1	-	-	-	-	75.12	-	-	-	170.13	192.54
-	-	-	-	-	53.31	-	-	-	45.31	50.79
1	-	-	-	-	106.62	-	-	-	196.91	224.39
1	-	-	-	-	193.85	-	-	-	271.05	304.76
1	-	-	-	-	266.54	-	-	-	332.84	373.45
1	-	-	-	-	104.19	-	-	-	194.84	203.38
1	-	-	-	-	176.88	-	-	-	256.63	272.18
1	-	-	-	-	288.35	-	-	-	351.38	369.51
1	-	-	-	-	431.31	-	-	-	472.89	494.88
1	-	-	-	-	271.38	-	-	-	336.95	367.47
1	-	-	-	-	101.77	-	-	-	192.78	199.49
1	-	-	-	-	155.08	-	-	-	238.10	248.55
1	-	-	-	-	205.96	-	-	-	281.35	299.88
1	-	-	-	-	520.96	-	-	-	549.10	589.27
-	-	-	-	-	8.10	-	-	-	6.89	18.15
-	-	-	-	-	10.04	-	-	-	8.53	23.97

续前页

序号	代号	机械名称		规格型号	不变费用				
					折旧费	检修费	维护费	安拆辅助费	小计
					元				
723	8015058	电焊条烘干箱	容量 (cm× cm×cm)	60×50×75	9.55	3.47	7.06	—	20.08
724	8015059			80×80×100	13.07	5.23	10.64	—	28.94
725	8015060	颚式破碎机	电动	150×250	PE150×250	7.69	1.16	15.94	3.77	28.56
726	8015061			250×400	PE250×400	21.74	3.28	45.16	5.29	75.47
727	8015062			250×500	PE250×500	25.00	3.77	51.98	6.04	86.79
728	8015063			400×600	PE400×600	44.56	6.72	92.51	6.77	150.56
729	8015064			500×750	PE500×750	70.51	10.63	146.43	8.30	235.87
730	8015065			600×900	PE600×900	108.97	16.43	226.27	9.42	361.09
731	8015066		机动	150×250	PEF250×150	9.30	1.41	19.35	4.06	34.12
732	8015067			250×400	PEF400×250	36.95	5.57	76.69	5.79	125.00
733	8015068	反击式破碎机	生产能力 (t/h)	20以内	PFY607	44.93	4.84	66.70	4.65	121.12
734	8015069			30以内	PFY807	90.51	9.75	134.26	7.00	241.52
735	8015070			60以内	PFY1007	103.54	11.15	153.61	8.02	276.32
736	8015071			100以内	PFY1010	127.63	13.75	189.40	9.07	339.85
737	8015072			120以内	PFY1013	136.10	14.66	201.93	9.66	362.35
738	8015073			140以内	PFY1210	153.68	16.55	227.98	10.90	409.11
739	8015074			160以内	PFY1212	188.85	20.34	280.19	12.18	501.56
740	8015075			180以内	PFY1214	201.87	21.74	299.43	13.02	536.06
741	8015076	圆锥破碎机			—	146.79	15.81	217.75	13.95	394.30

可变费用											定额基价
人工	汽油	柴油	重油	煤	电	水	木柴	其他费用	小计		
工日	kg				t	kW·h	m³	kg	元		
-	-	-	-	-	14.18	-	-	-	12.05		32.13
-	-	-	-	-	39.47	-	-	-	33.55		62.49
1	-	-	-	-	-	-	-	-	106.28		134.84
1	-	-	-	-	35.70	-	-	-	136.63		212.10
1	-	-	-	-	84.38	-	-	-	178.00		264.79
1	-	-	-	-	90.87	-	-	-	183.52		334.08
1	-	-	-	-	162.27	-	-	-	244.21		480.08
1	-	-	-	-	272.62	-	-	-	338.01		699.10
1	-	8.20	-	-	-	-	-	-	167.29		201.41
1	-	10.97	-	-	-	-	-	-	187.90		312.90
1	-	-	-	-	58.42	-	-	-	155.94		277.06
1	-	-	-	-	136.31	-	-	-	222.14		463.66
1	-	-	-	-	188.24	-	-	-	266.28		542.60
1	-	-	-	-	233.67	-	-	-	304.90		644.75
1	-	-	-	-	344.02	-	-	-	398.70		761.05
1	-	-	-	-	473.84	-	-	-	509.04		918.15
1	-	-	-	-	694.53	-	-	-	696.63		1198.19
1	-	-	-	-	837.33	-	-	-	818.01		1354.07
1	-	-	-	-	901.35	-	-	-	872.43		1266.73

续前页

序号	代号	机械名称	规格型号	不变费用				
				折旧费	检修费	维护费	安拆辅助费	小计
				元				
742	8015077	打磨机	–	1.20	0.39	1.02	19.60	22.21
743	8015078	振动给料机	–	68.80	22.24	58.77	20.54	170.35
744	8015079	制砂机	–	134.70	43.53	115.03	21.48	314.74
745	8015080	筛洗石子机	生产率 10m³/h	11.20	2.65	6.82	14.90	35.57
746	8015081	滚筒式筛分机	生产率 8~20m³/h YTSX1200×6000	39.52	12.77	44.65	15.84	112.78
747	8015082	惯性振动筛	生产率 100~300t/h SZ₂1500×3000	15.91	5.14	13.59	16.78	51.42
748	8015083	偏心振动筛	生产率 120t/h SBZ₂1250×3000	27.59	8.92	23.56	17.72	77.79
749	8015084	圆振动筛	–	96.58	31.21	82.47	18.66	228.92
750	8015085	型材切割机	锯片直径 400mm 以内	2.36	0.81	17.00	–	20.17
751	8015086	抛丸除锈机	直径(mm) 219	203.32	26.28	53.43	5.31	288.34
752	8015087	抛丸除锈机	直径(mm) 500	276.84	35.78	72.74	5.31	390.67
753	8015088	抛丸除锈机	直径(mm) 1000	502.56	64.96	132.05	5.31	704.88
754	8015089	钢套管加工设备	–	70.85	11.39	33.12	82.15	197.51
755	8015090	链式切割机	–	680.34	59.88	258.08	–	998.30
756	8015091	盘式切割机	–	466.67	182.41	46.35	–	695.43
757	8015092	摇臂钻床	φ50	13.85	6.45	6.11	–	26.41
758	8015093	电动混凝土打磨机	3kW 以内	1.15	0.98	4.45	–	6.58
759	8015122	手持电钻	–	25.65	10.61	8.80	–	45.06
760	8015126	磨石机	3kW 以内	9.66	2.39	9.88	–	21.93
761	8015197	台式钻床	25mm 以内	0.99	0.80	2.03	–	3.82

可变费用											定额基价
人工	汽油	柴油	重油	煤	电	水	木柴	其他费用	小计		
工日		kg		t	kW·h	m³	kg		元		
1	-	-	-	-	43.00	-	-	-	142.83		165.04
1	-	-	-	-	120.00	-	-	-	208.28		378.63
1	-	-	-	-	800.00	-	-	-	786.28		1101.02
1	-	-	-	-	14.88	-	-	-	118.93		154.50
1	-	-	-	-	12.98	-	-	-	117.31		230.09
1	-	-	-	-	24.34	-	-	-	126.97		178.39
1	-	-	-	-	29.21	-	-	-	131.11		208.90
1	-	-	-	-	120.00	-	-	-	208.28		437.20
-	-	-	-	-	12.18	-	-	-	10.35		30.52
-	-	-	-	-	34.26	-	-	-	29.12		317.46
-	-	-	-	-	38.74	-	-	-	32.93		423.60
-	-	-	-	-	42.37	-	-	-	36.01		740.89
4	-	-	-	-	90.00	-	-	-	501.62		699.13
2	-	-	-	-	120.00	1.60	-	-	318.91		1317.21
1	-	-	-	-	73.31	2.00	-	-	174.03		869.46
1	-	-	-	-	11.00	-	-	-	115.63		142.04
1	-	-	-	-	5.00	-	-	-	110.53		117.11
-	-	-	-	-	24.00	-	-	-	20.40		65.46
-	-	1.20	-	-	-	-	-	-	8.93		30.86
1	-	-	-	-	2.00	-	-	-	107.98		111.80

序号	代号	机械名称		规格型号	不变费用				
					折旧费	检修费	维护费	安拆辅助费	小计
					元				
	8017	九、动力机械							
762	8017001	柴油发电机组	功率(kW)	5 以内	5GF1	4.05	1.62	5.36	1.66	12.69
763	8017002			15 以内	12GF1	12.95	4.30	14.23	2.21	33.69
764	8017003			30 以内	30GFY-2	22.41	8.69	28.79	2.77	62.66
765	8017004			50 以内	50GFY-2	35.85	13.90	46.06	3.05	98.86
766	8017005			75 以内	75GFY-4	51.63	20.02	66.33	3.31	141.29
767	8017006			100 以内	90GFZ	66.09	25.62	84.90	4.86	181.47
768	8017007			120 以内	120GFY-4	76.13	29.52	97.81	5.35	208.81
769	8017008			160 以内	160GF	97.44	37.78	125.19	5.83	266.24
770	8017009			200 以内	200GF	116.93	45.35	150.26	6.31	318.85
771	8017010			250 以内	250GF4-4	140.32	54.41	180.30	6.73	381.76
772	8017011			320 以内	320GF-2	172.43	66.86	193.67	7.29	440.25
773	8017012	变压器		50 以内	S9-50	3.49	0.60	3.36	0.51	7.96
774	8017013			100 以内	S9-100	5.47	0.90	4.58	0.55	11.50
775	8017014			160 以内	S9-160	7.42	1.22	5.58	0.58	14.80
776	8017015			200 以内	S9-200	8.04	1.33	6.06	0.66	16.09
777	8017016			250 以内	S9-250	8.57	1.36	6.23	0.77	16.93
778	8017017			315 以内	S9-315	10.13	1.60	6.50	0.85	19.08
779	8017018			400 以内	S9-400	10.91	2.01	8.16	1.06	22.14

可变费用										定额基价
人工	汽油	柴油	重油	煤	电	水	木柴	其他费用	小计	
工日		kg			t	kW·h	m³	kg	元	
-	-	7.47	-	-	-	-	-	-	55.58	68.27
-	-	16.00	-	-	-	-	-	-	119.04	152.73
-	-	52.27	-	-	-	-	-	-	388.89	451.55
-	-	62.93	-	-	-	-	-	-	468.20	567.06
-	-	88.15	-	-	-	-	-	-	655.84	797.13
-	-	108.95	-	-	-	-	-	-	810.59	992.06
-	-	138.67	-	-	-	-	-	-	1031.70	1240.51
-	-	182.25	-	-	-	-	-	-	1355.94	1622.18
-	-	246.63	-	-	-	-	-	-	1834.93	2153.78
-	-	291.21	-	-	-	-	-	-	2166.60	2548.36
-	-	327.85	-	-	-	-	-	-	2439.20	2879.45
-	-	-	-	-	-	-	-	-	-	7.96
-	-	-	-	-	-	-	-	-	-	11.50
-	-	-	-	-	-	-	-	-	-	14.80
-	-	-	-	-	-	-	-	-	-	16.09
-	-	-	-	-	-	-	-	-	-	16.93
-	-	-	-	-	-	-	-	-	-	19.08
-	-	-	-	-	-	-	-	-	-	22.14

续前页

序号	代号	机械名称		规格型号	不变费用				
					折旧费	检修费	维护费	安拆辅助费	小计
					元				
780	8017019	变压器	功率（kW）	500 以内	S9-500	12.22	2.57	9.15	1.06	25.00
781	8017020			630 以内	S9-630	15.43	1.79	6.39	1.35	24.96
782	8017021			800 以内	S9-800	19.20	1.42	5.07	1.51	27.20
783	8017022			1000 以内	S9-1000	22.59	1.24	4.40	1.64	29.87
784	8017023	箱式变压器	容量（kV·A）	50 以内	SC9-50	14.09	2.73	9.72	0.71	27.25
785	8017024			100 以内	SC9-100	18.19	3.53	12.55	0.92	35.19
786	8017025			160 以内	SC9-160	21.42	4.15	14.78	1.08	41.43
787	8017026			200 以内	SC9-200	23.61	4.58	16.29	1.19	45.67
788	8017027			250 以内	SC9-250	27.05	5.24	18.65	1.36	52.30
789	8017028			315 以内	SC9-315	29.15	5.66	20.12	1.48	56.41
790	8017029			400 以内	SC9-400	32.03	6.21	22.11	1.62	61.97
791	8017030			500 以内	SC9-500	39.50	7.65	27.23	1.99	76.37
792	8017031			630 以内	SC9-630	46.61	9.03	32.13	2.35	90.12
793	8017032			800 以内	SC9-800	52.24	10.13	36.03	2.63	101.03
794	8017033			1000 以内	SC9-1000	59.76	11.59	41.22	3.01	115.58
795	8017034			1250 以内	SC9-1250	68.19	13.22	47.03	3.43	131.87
796	8017035			1600 以内	SC9-1600	78.85	15.29	54.39	3.97	152.50
797	8017036			2000 以内	SC9-2000	99.72	19.34	68.79	5.02	192.87
798	8017037	高压开关柜		600~1000A	GFC-3A-01-1000A	7.91	4.48	9.11	—	21.50

可变费用										定额基价
人工	汽油	柴油	重油	煤	电	水	木柴	其他费用	小计	
工日	kg	kg	kg	t	kW·h	m³	kg		元	
-	-	-	-	-	-	-	-	-	-	25.00
-	-	-	-	-	-	-	-	-	-	24.96
-	-	-	-	-	-	-	-	-	-	27.20
-	-	-	-	-	-	-	-	-	-	29.87
-	-	-	-	-	-	-	-	-	-	27.25
-	-	-	-	-	-	-	-	-	-	35.19
-	-	-	-	-	-	-	-	-	-	41.43
-	-	-	-	-	-	-	-	-	-	45.67
-	-	-	-	-	-	-	-	-	-	52.30
-	-	-	-	-	-	-	-	-	-	56.41
-	-	-	-	-	-	-	-	-	-	61.97
-	-	-	-	-	-	-	-	-	-	76.37
-	-	-	-	-	-	-	-	-	-	90.12
-	-	-	-	-	-	-	-	-	-	101.03
-	-	-	-	-	-	-	-	-	-	115.58
-	-	-	-	-	-	-	-	-	-	131.87
-	-	-	-	-	-	-	-	-	-	152.50
-	-	-	-	-	-	-	-	-	-	192.87
-	-	-	-	-	-	-	-	-	-	21.50

续前页

序号	代号	机械名称		规格型号	不变费用				
					折旧费	检修费	维护费	安拆辅助费	小计
					元				
799	8017038	低压配电屏		4×600A	BSL-1-43	2.85	1.61	3.27	-	7.73
800	8017039	空气压缩机	电动	排气量（m³/min）	0.3 以内	Z-0.3/7	2.23	2.99	11.53	-	16.75
801	8017040				0.6 以内	2V-0.6/7	2.87	3.65	14.09	-	20.61
802	8017041				1 以内	3V-0.9/7	3.75	4.52	17.48	0.28	26.03
803	8017042				3 以内	W-3/7DY	17.87	15.78	60.97	0.45	95.07
804	8017043				6 以内	W-6/7DY	25.59	21.50	83.05	0.51	130.65
805	8017044				10 以内	3L-10/8	30.32	17.63	68.10	0.56	116.61
806	8017045				20 以内	4L-20/8	51.37	26.56	102.58	3.48	183.99
807	8017046				40 以内	5L-40/8	203.54	87.70	338.72	5.23	635.19
808	8017047		机动		3 以内	CV-3/8-1	26.17	20.30	72.02	0.45	118.94
809	8017048				6 以内	WY-6/7A	42.36	35.59	126.25	0.51	204.71
810	8017049				9 以内	VY-9/7	55.93	46.99	166.69	0.56	270.17
811	8017050				12 以内	2VY1-12/7	59.80	50.24	178.23	0.85	289.12
812	8017051				17 以内	LGY25-17/7	65.91	49.69	176.28	3.48	295.36
813	8017052				40 以内	-	182.57	141.59	446.14	5.23	775.53
814	8017053	液压动力柜		功率5kW	-	11.97	4.90	16.97	-	33.84
815	8017054	工业锅炉		蒸发量（t/h）	1 以内	DZL1-1.0-AⅢ	86.48	74.52	166.63	5.53	333.16
816	8017055				2 以内	DZL2-1.0-AⅢ	116.50	100.39	224.48	8.88	450.25
817	8017056				4 以内	DZL4-1.0-AⅢ	220.24	128.09	286.44	13.84	648.61

人工	汽油	柴油	重油	煤	电	水	木柴	其他费用	小计	定额基价
			可 变 费 用							
工日		kg		t	kW·h	m³	kg		元	
-	-	-	-	-	-	-	-	-	-	7.73
-	-	-	-	-	14.60	-	-	-	12.41	29.16
-	-	-	-	-	29.21	-	-	-	24.83	45.44
-	-	-	-	-	38.95	-	-	-	33.11	59.14
-	-	-	-	-	107.10	-	-	-	91.04	186.11
-	-	-	-	-	219.07	-	-	-	186.21	316.86
-	-	-	-	-	346.87	-	-	-	294.84	411.45
-	-	-	-	-	601.24	-	-	-	511.05	695.04
-	-	-	-	-	1156.24	-	-	-	982.80	1617.99
-	-	24.00	-	-	-	-	-	-	178.56	297.50
-	-	43.89	-	-	-	-	-	-	326.54	531.25
-	-	60.34	-	-	-	-	-	-	448.93	719.10
-	-	70.63	-	-	-	-	-	-	525.49	814.61
-	-	96.00	-	-	-	-	-	-	714.24	1009.60
-	-	226.29	-	-	-	-	-	-	1683.60	2459.13
-	-	-	-	-	32.76	-	-	-	27.85	61.69
-	-	-	-	1.00	49.98	7.00	16.00	-	634.83	967.99
-	-	-	-	2.00	79.38	14.00	21.00	-	1244.36	1694.61
-	-	-	-	3.00	120.54	19.00	24.00	-	1857.03	2505.64

序号	代号	机械名称		规格型号	不变费用				
					折旧费	检修费	维护费	安拆辅助费	小计
					元				
	8019	十、工程船舶							
818	8019001			44 以内	57.16	28.63	44.53	-	130.32
819	8019002			88 以内	114.32	57.26	89.05	-	260.63
820	8019003			147 以内	192.97	95.65	148.75	-	437.37
821	8019004			176 以内	231.03	114.52	178.10	-	523.65
822	8019005			221 以内	290.10	143.80	223.63	-	657.53
823	8019006			294 以内	385.93	191.30	297.50	-	874.73
824	8019007			368 以内	574.38	284.70	442.76	-	1301.84
825	8019008	内燃拖轮	功率(kW)	441 以内	713.41	353.62	549.93	-	1616.96
826	8019009			588 以内	1183.56	586.67	912.36	-	2682.59
827	8019010			794 以内	1287.78	638.32	992.69	-	2918.79
828	8019011			882 以内	1833.26	908.71	1413.18	-	4155.15
829	8019012			1228 以内	2209.74	1095.32	1703.40	-	5008.46
830	8019013			1441 以内	2393.58	1186.45	1845.12	-	5425.15
831	8019014			1941 以内	4382.00	2172.07	3377.91	-	9931.98
832	8019015			2353 以内	6583.61	3263.37	5075.04	-	14922.02
833	8019016			2500 以内	7768.66	3850.78	5988.55	-	17607.99
834	8019017			2942 以内	10138.76	5025.58	7815.56	-	22979.90

可变费用											定额基价
人工	汽油	柴油	重油	煤	电	水	木柴	其他费用	小计		
工日		kg		t	kW·h	m³	kg		元		
3	-	32.69	-	-	-	-	-	-	562.05		692.37
3	-	65.37	-	-	-	-	-	-	805.19		1065.82
4	-	101.03	-	-	-	-	-	-	1176.78		1614.15
4	-	120.35	-	-	-	-	-	-	1320.52		1844.17
4	-	151.55	-	-	-	1.20	-	-	1555.92		2213.44
5	-	201.60	-	-	-	3.30	-	-	2040.28		2915.01
5	-	252.35	-	-	-	3.30	-	-	2417.86		3719.70
5	-	277.21	-	-	-	3.30	-	-	2602.82		4219.78
5	-	369.61	-	-	-	3.30	-	-	3290.27		5972.87
6	-	499.10	-	-	-	3.30	-	-	4359.96		7278.75
6	-	554.41	-	-	-	3.30	-	-	4771.47		8926.62
6	-	701.73	-	-	-	3.30	-	-	5867.53		10875.99
6	-	823.45	-	-	-	3.30	-	-	6773.12		12198.28
11	-	1109.17	-	-	-	3.30	-	-	9430.28		19362.26
11	-	1210.14	-	-	-	3.30	-	-	10181.50		25103.52
14	-	1285.74	-	-	-	-	-	-	11053.83		28661.82
14	-	1513.06	-	-	-	-	-	-	12745.09		35724.99

续前页

序号	代号	机械名称	规格型号		不变费用				
					折旧费	检修费	维护费	安拆辅助费	小计
					元				
835	8019018	工程驳船	装载质量(t)	30 以内	22.51	7.27	15.15	-	44.93
836	8019019			50 以内	36.74	11.87	24.73	-	73.34
837	8019020			80 以内	54.68	17.67	36.81	-	109.16
838	8019021			100 以内	66.70	21.55	44.91	-	133.16
839	8019022			150 以内	90.97	29.39	61.25	-	181.61
840	8019023			200 以内	109.51	35.39	73.73	-	218.63
841	8019024			300 以内	144.98	46.36	96.60	-	287.94
842	8019025			400 以内	174.21	55.71	116.09	-	346.01
843	8019026			500 以内	203.45	65.06	135.57	-	404.08
844	8019027			600 以内	232.68	74.41	155.05	-	462.14
845	8019028			800 以内	379.98	121.52	253.21	-	754.71
846	8019029			1000 以内	551.11	176.24	367.23	-	1094.58
847	8019030			1500 以内	915.17	292.67	609.83	-	1817.67
848	8019031			2000 以内	978.22	312.82	651.84	-	1942.88
849	8019032			3000 以内	1173.80	375.38	782.18	-	2331.36
850	8019033			5000 以内	1296.15	414.50	863.70	-	2574.35
851	8019034			6000 以内	1418.35	453.58	945.13	-	2817.06
852	8019035	自航式工程驳船	装载质量800t 以内		2348.00	500.59	1043.08	-	3891.67
853	8019036	泥浆船	容量1000m^3 以内		9948.72	2121.03	4419.59	-	16489.34

可变费用											定额基价
人工	汽油	柴油	重油	煤	电	水	木柴	其他费用	小计		
工日		kg			t	kW·h	m³	kg		元	
-	-	-	-	-	-	-	-	-	-		44.93
-	-	-	-	-	-	-	-	-	-		73.34
-	-	-	-	-	-	-	-	-	-		109.16
-	-	-	-	-	-	-	-	-	-		133.16
-	-	-	-	-	-	-	-	-	-		181.61
-	-	-	-	-	-	-	-	-	-		218.63
-	-	-	-	-	-	-	-	-	-		287.94
-	-	-	-	-	-	-	-	-	-		346.01
-	-	-	-	-	-	-	-	-	-		404.08
-	-	-	-	-	-	-	-	-	-		462.14
-	-	-	-	-	-	-	-	-	-		754.71
-	-	-	-	-	-	-	-	-	-		1094.58
-	-	-	-	-	-	-	-	-	-		1817.67
-	-	-	-	-	-	-	-	-	-		1942.88
-	-	-	-	-	-	-	-	-	-		2331.36
-	-	-	-	-	-	-	-	-	-		2574.35
-	-	-	-	-	-	-	-	-	-		2817.06
7	-	589.84	-	-	-	2.40	-	-	5138.90		9030.57
12	-	555.00	-	-	-	2.10	-	-	5410.27		21899.61

续前页

序号	代号	机械名称		规格型号		不变费用				
						折旧费	检修费	维护费	安拆辅助费	小计
						元				
854	8019037	打桩船	桩架高度（m）	60 以内	-	3625.12	1313.86	2043.26	-	6982.24
855	8019038			80 以内	-	9281.86	3364.05	5231.63	-	17877.54
856	8019039			100 以内	-	11635.92	4217.24	6558.46	-	22411.62
857	8019040	船用柴油打桩锤	冲击能量（kN·m）	272 以内	耗油 10L/h	673.86	287.33	700.93	-	1662.12
858	8019041			334 以内	耗油 10.8L/h	985.52	420.22	1025.11	-	2430.85
859	8019042			417 以内	耗油 15.5L/h	1315.44	560.90	1368.29	-	3244.63
860	8019043	起重船	旋转扒杆	100 以内	-	2178.98	850.12	2073.85	-	5102.95
861	8019044			130 以内	-	3108.72	1212.86	2958.74	-	7280.32
862	8019045			180 以内	-	9169.50	3577.46	8727.07	-	21474.03
863	8019046			350 以内	-	9640.12	3761.07	9174.98	-	22576.17
864	8019047		提升质量（t）	60 以内	-	660.56	257.71	628.68	-	1546.95
865	8019048			100 以内	-	837.42	326.72	797.02	-	1961.16
866	8019049			150 以内	-	1298.62	506.65	1235.96	-	3041.23
867	8019050		固定扒杆	200 以内	-	4871.26	1900.52	4636.24	-	11408.02
868	8019051			300 以内	-	6978.46	2722.64	6641.76	-	16342.86
869	8019052			500 以内	-	9194.56	3587.25	8750.94	-	21532.75
870	8019053			600 以内	-	12151.08	4740.72	11564.79	-	28456.59

人工	汽油	柴油	重油	煤	电	水	木柴	其他费用	小计	定额基价
工日		kg		t	kW·h	m³	kg		元	
17	-	273.38	-	-	-	5.10	-	-	3854.58	10836.82
18	-	546.01	-	-	-	5.40	-	-	5990.04	23867.58
19	-	704.24	-	-	-	5.40	-	-	7273.55	29685.18
-	-	31.20	-	-	-	-	-	-	232.13	1894.25
-	-	37.44	-	-	-	-	-	-	278.55	2709.40
-	-	48.36	-	-	-	-	-	-	359.80	3604.43
10	-	262.00	-	-	-	3.00	-	-	3020.24	8123.19
10	-	729.00	-	-	-	3.00	-	-	6494.72	13775.04
11	-	941.30	-	-	-	3.30	-	-	8181.33	29655.36
11	-	1166.00	-	-	-	3.30	-	-	9853.10	32429.27
7	-	181.00	-	-	-	2.10	-	-	2096.31	3643.26
10	-	297.00	-	-	-	3.00	-	-	3280.64	5241.80
10	-	341.00	-	-	-	3.00	-	-	3608.00	6649.23
11	-	385.00	-	-	-	3.30	-	-	4042.46	15450.48
12	-	500.50	-	-	-	3.30	-	-	5008.06	21350.92
14	-	889.00	-	-	-	4.20	-	-	8113.50	29646.25
14	-	1155.70	-	-	-	4.20	-	-	10097.75	38554.34

续前页

序号	代号	机械名称		规格型号	不变费用				
					折旧费	检修费	维护费	安拆辅助费	小计
					元				
871	8019056	混凝土搅拌船	生产能力 (m^3/h)	100 以内	5658.94	2412.92	5886.23	-	13958.09
872	8019057			120 以内	6372.46	2717.17	6628.41	-	15718.04
873	8019058			150 以内	7085.98	3021.40	7370.58	-	17477.96
874	8019059	抛锚船	功率（kW）	240 以内	346.90	147.92	360.83	-	855.65
875	8019060			373 以内	439.76	187.51	457.42	-	1084.69
876	8019061			522 以内	615.67	262.51	640.39	-	1518.57
877	8019062	机动艇		123 以内	121.19	53.26	129.91	-	304.36
878	8019063			198 以内	153.26	66.65	162.60	-	382.51

可变费用										定额基价
人工	汽油	柴油	重油	煤	电	水	木柴	其他费用	小计	
工日		kg		t	kW·h	m³	kg		元	
14	-	406.00	-	-	-	6.60	-	-	4526.51	18484.60
15	-	435.00	-	-	-	6.60	-	-	4848.55	20566.59
16	-	480.00	-	-	-	6.60	-	-	5289.63	22767.59
5	-	283.00	-	-	-	1.80	-	-	2641.82	3497.47
5	-	340.00	-	-	-	2.40	-	-	3067.53	4152.22
5	-	458.00	-	-	-	3.30	-	-	3947.90	5466.47
3	-	93.00	-	-	-	0.80	-	-	1012.94	1317.30
3	-	160.00	-	-	-	0.80	-	-	1511.42	1893.93

序号	代号	机械名称	规格型号	不变费用					
				折旧费	检修费	维护费	安拆辅助费	小计
				元					
	8021	十一、工程检测仪器仪表						
879	8021001	光纤测试仪	-	232.74	33.50	17.03	-	283.27
880	8021002	局域网电缆测试仪	超五类 FLUKE2000	91.33	13.15	6.68	-	111.16
881	8021003	微机硬盘测试仪	-	94.17	13.56	6.89	-	114.62
882	8021004	误码率测试仪	2Mb/s	74.21	10.68	5.43	-	90.32
883	8021005	PCM通道测试仪	20~4000Hz,-60~10dB	269.65	38.82	19.73	-	328.20
884	8021006	信令分析仪	-	266.38	38.35	19.49	-	324.22
885	8021007	网络分析仪	10MHz~110GHz	135.22	19.47	9.89	-	164.58
886	8021008	频谱分析仪	9kHz~26.5GHz	355.18	51.13	25.99	-	432.30
887	8021009	继电保护测试仪	MRT-02	94.38	13.58	6.91	-	114.87
888	8021010	三相精密测试电源	JCD4060	57.09	8.22	4.18	-	69.49
889	8021011	电能校验仪	ST9040	35.01	5.04	2.56	-	42.61
890	8021012	记录仪	8203-1-1	29.38	4.23	2.15	-	35.76
891	8021013	真空断路器测试仪	VIDAR	130.30	18.76	9.53	-	158.59
892	8021014	光纤熔接机	-	105.62	1.80	0.92	0.97	109.31
893	8021015	光缆气流吹缆机	-	354.08	75.49	8.44	-	438.01
894	8021016	光时域反射仪	1.3~1.55μm	517.55	74.51	37.86	-	629.92
895	8021017	光功率计	0.38~1.8μm	51.91	7.48	3.80	-	63.19
896	8021018	场强仪	300MHz~10GHz,20~130dB	48.21	6.94	3.05	-	58.20

可变费用										定额基价
人工	汽油	柴油	重油	煤	电	水	木柴	其他费用	小计	
工日	kg	kg	kg	t	kW·h	m³	kg	元		
-	-	-	-	-	0.60	-	-	-	0.51	283.78
-	-	-	-	-	0.50	-	-	-	0.43	111.59
-	-	-	-	-	0.60	-	-	-	0.51	115.13
-	-	-	-	-	0.50	-	-	-	0.43	90.75
-	-	-	-	-	0.50	-	-	-	0.43	328.63
-	-	-	-	-	0.50	-	-	-	0.43	324.65
-	-	-	-	-	0.50	-	-	-	0.43	165.01
-	-	-	-	-	0.50	-	-	-	0.43	432.73
-	-	-	-	-	0.60	-	-	-	0.51	115.38
-	-	-	-	-	0.60	-	-	-	0.51	70.00
-	-	-	-	-	0.60	-	-	-	0.51	43.12
-	-	-	-	-	0.60	-	-	-	0.51	36.27
-	-	-	-	-	0.60	-	-	-	0.51	159.10
-	-	-	-	-	0.60	-	-	-	0.51	109.82
-	-	-	-	-	-	-	-	-	-	438.01
-	-	-	-	-	0.60	-	-	-	0.51	630.43
-	-	-	-	-	0.60	-	-	-	0.51	63.70
-	-	-	-	-	0.50	-	-	-	0.43	58.63

续前页

序号	代号	机械名称	规格型号	不变费用				
				折旧费	检修费	维护费	安拆辅助费	小计
				元				
897	8021019	万能母线机	-	140.17	28.63	3.23	-	172.03
898	8021020	数字存储示波器	HP-54603B	24.66	3.55	1.81	-	30.02
899	8021021	示波器	1GSa/s	14.39	2.07	1.05	-	17.51
900	8021022	双通道示波器	100MHz,双通道	30.94	4.45	2.26	-	37.65
901	8021023	数显频率发生器	HP33120A	29.18	4.20	2.14	-	35.52
902	8021024	彩色监视器	14″	19.03	2.74	1.39	-	23.16
903	8021025	电视测试信号发生器	-	31.53	4.54	2.31	-	38.38
904	8021026	便携式计算机	-	21.74	3.13	1.59	-	26.46
905	8021027	数字多用表	600mV~600V	8.66	1.25	0.64	-	10.55
906	8021028	微波频率计	F:10Hz~40GHz	106.56	15.34	7.80	-	129.70
907	8021029	高压试验变压器全套装置	YDJ	126.85	18.26	9.28	-	154.39
908	8021030	直流高压发生器	ZGF-200	25.01	3.60	1.83	-	30.44
909	8021031	轻型试验变压器	TSB	17.32	2.49	1.27	-	21.08
910	8021032	数字高压表	GYB-II	3.80	0.55	0.28	-	4.63
911	8021501	噪声监测仪	30~130dB	0.68	0.19	0.81	-	1.68
912	8021502	接地电阻检测仪	0.1Ω~19.99kΩ	7.41	3.20	1.54	-	12.15
913	8021503		0.0001Ω~9.999MΩ	13.14	5.43	3.48	-	22.05
914	8021504	绝缘电阻测试仪	0~1000GΩ	4.08	1.72	0.88	-	6.68

可变费用										定额基价
人工	汽油	柴油	重油	煤	电	水	木柴	其他费用	小计	
工日	kg			t	kW·h	m³	kg		元	
-	-	-	-	-	-	-	-	-	-	172.03
-	-	-	-	-	0.60	-	-	-	0.51	30.53
-	-	-	-	-	0.60	-	-	-	0.51	18.02
-	-	-	-	-	0.60	-	-	-	0.51	38.16
-	-	-	-	-	0.60	-	-	-	0.51	36.03
-	-	-	-	-	0.50	-	-	-	0.43	23.59
-	-	-	-	-	0.70	-	-	-	0.60	38.98
-	-	-	-	-	0.80	-	-	-	0.68	27.14
-	-	-	-	-	0.20	-	-	-	0.17	10.72
-	-	-	-	-	0.60	-	-	-	0.51	130.21
-	-	-	-	-	0.60	-	-	-	0.51	154.90
-	-	-	-	-	0.60	-	-	-	0.51	30.95
-	-	-	-	-	0.60	-	-	-	0.51	21.59
-	-	-	-	-	0.60	-	-	-	0.51	5.14
-	-	-	-	-	0.20	-	-	-	0.17	1.85
-	-	-	-	-	0.50	-	-	-	0.43	12.58
-	-	-	-	-	0.50	-	-	-	0.43	22.48
-	-	-	-	-	0.20	-	-	-	0.17	6.85

续前页

序号	代号	机械名称	规格型号	不变费用				
				折旧费	检修费	维护费	安拆辅助费	小计
				元				
915	8021505	数字式温湿度测试仪	-30~100℃,0~100%RH,分辨率0.1℃,0.1%RH	2.19	0.73	0.22	-	3.14
916	8021506	手持式测速器	测速范围:10~321km/h	4.36	1.53	0.28	-	6.17
917	8021507	电缆故障测试仪	测试距离40km,盲区10m,精确点误差0.15m	65.74	25.42	13.62	-	104.78
918	8021508	变压器电阻测试仪	1mΩ~20kΩ,0.1~10A	24.89	8.57	2.69	-	36.15
919	8021509	过程校验仪	直流电压(DCV,测量0~30V,输出0~10V),直流电流(DCmA,测量0~24mA,输出0~24mA),频率1~10kHz,电阻测量:0~30200Ω,电阻输出35~3200Ω	4.72	1.57	0.36	-	6.65
920	8021510	手提式吸尘器	100W	1.62	-	0.82	-	2.44
921	8021511	专用手提式吸尘器	吸水、吸尘,1000W,48L/s	8.86	2.09	1.60	-	12.55
922	8021512	防静电腕表	-	3.25				3.25
923	8021513	视频信号发生器	50~1000MHz	31.28	4.54	3.08	-	38.90
924	8021514	交直流钳型电流表	0~20A/200A	7.70	1.79	1.00	-	10.49
925	8021515	网线钳	RJ45/RJ11	0.75		0.20		0.95
926	8021516	对讲机	中频	2.03	-	0.88	-	2.91

可变费用										定额基价
人工	汽油	柴油	重油	煤	电	水	木柴	其他费用	小计	
工日	kg			t	kW·h	m³	kg		元	
-	-	-	-	-	0.20	-	-	-	0.17	3.31
-	-	-	-	-	0.20	-	-	-	0.17	6.34
-	-	-	-	-	0.50	-	-	-	0.43	105.21
-	-	-	-	-	0.50	-	-	-	0.43	36.58
-	-	-	-	-	0.20	-	-	-	0.17	6.82
-	-	-	-	-	0.20	-	-	-	0.17	2.61
-	-	-	-	-	0.50	-	-	-	0.43	12.98
-	-	-	-	-	-	-	-	-	-	3.25
-	-	-	-	-	0.70	-	-	-	0.60	39.50
-	-	-	-	-	0.20	-	-	-	0.17	10.66
-	-	-	-	-	-	-	-	-	-	0.95
-	-	-	-	-	0.20	-	-	-	0.17	3.08

续前页

序号	代号	机械名称	规格型号	不变费用				
				折旧费	检修费	维护费	安拆辅助费	小计
				元				
927	8021517	数字LCR表	高解析密度0.1μH,0.1pF及1mΩ	7.76	1.79	0.92	-	10.47
928	8021518	红外点温仪	手持式,-40~800℃/-40~1472℉	0.17	-	0.09	-	0.26
929	8021519	风速测试仪	风速0.1~20m/s、温度、湿度、风量测试仪	1.81	0.91	0.44	-	3.16
930	8021520	亮度检测仪	0.01~20000000cd/m^2	0.93	0.38	0.14	-	1.45
931	8021521	视频监控测试仪	NTSC、PAL自动识别	7.71	1.86	0.91	-	10.48
932	8021522	兆欧表	500V;0.00~250GΩ	4.33	1.59	0.48	-	6.40
933	8021523	网通仪	普通LED显示型	0.95	0.34	0.22	-	1.51
934	8021524	照度计	0.1~299900lx	37.16	25.26	8.11	-	70.53
935	8021525	数字压力表	精度0.05kPa,压力0~600kPa	12.35	3.35	1.70	-	17.40
936	8021526	蓄电池测量仪	0~50A,6V或12V	1.43	0.95	0.34	-	2.72
937	8021527	验电器		0.21	-	-	-	0.21
938	8021528	手提式吹风机	220V,600W	1.39	-	0.51	-	1.90
939	8021529	望远镜	10倍	0.60	-	0.11	-	0.71
940	8021530	工具箱	包含绝缘手套、各类螺丝刀、榔头、卡扣钳,各类扳手	9.20	-	1.85	-	11.05

可变费用										定额基价
人工	汽油	柴油	重油	煤	电	水	木柴	其他费用	小计	
工日	kg	kg	kg	kg	kW·h	m³	kg		元	
-	-	-	-	-	0.20	-	-	-	0.17	10.64
-	-	-	-	-	0.20	-	-	-	0.17	0.43
-	-	-	-	-	0.20	-	-	-	0.17	3.33
-	-	-	-	-	0.20	-	-	-	0.17	1.62
-	-	-	-	-	0.20	-	-	-	0.17	10.65
-	-	-	-	-	0.20	-	-	-	0.17	6.57
-	-	-	-	-	0.20	-	-	-	0.17	1.68
-	-	-	-	-	0.20	-	-	-	0.17	70.70
-	-	-	-	-	0.20	-	-	-	0.17	17.57
-	-	-	-	-	0.20	-	-	-	0.17	2.89
-	-	-	-	-	-	-	-	-	-	0.21
-	-	-	-	-	0.20	-	-	-	0.17	2.07
-	-	-	-	-	-	-	-	-	-	0.71
-	-	-	-	-	-	-	-	-	-	11.05

序号	代号	机械名称		规格型号	不变费用				
					折旧费	检修费	维护费	安拆辅助费	小计
					元				
	8023	十二、通风机							
941	8023001	轴流式通风机	功率（kW）	7.5 以内	5.98	0.96	2.45	0.97	10.36
942	8023002			30 以内	12.99	1.79	4.56	1.24	20.58
943	8023003			40 以内	35.88	5.80	14.73	1.45	57.86
944	8023004			75 以内	51.97	8.40	21.33	2.35	84.05
945	8023005			100 以内	25.30	3.99	10.15	3.08	42.52
946	8023006			110 以内	85.33	13.79	35.03	3.43	137.58
947	8023007			150 以内	112.00	18.10	45.99	4.16	180.25
948	8023008			200 以内	134.63	21.75	55.27	4.46	216.11
949	8023009	离心式通风机	风量（m³/min）	506～708	12.85	4.57	11.61	0.97	30.00
950	8023010			756～899	14.48	5.14	13.07	1.24	33.93
951	8023011			900～1259	16.62	5.90	15.00	1.60	39.12
952	8023012			1200～1678	32.08	11.40	28.97	1.98	74.43
953	8023013			1523～2132	39.21	13.94	35.42	2.18	90.75
954	8023014	吹风机		4 以内	6.82	0.97	2.47	0.97	11.23
955	8023015	鼓风机		8 以内	2.48	0.87	2.23	0.97	6.55
956	8023016			18 以内	18.20	2.85	7.23	0.97	29.25
957	8023017	喷砂除锈机		-	45.37	9.29	37.76	-	92.42
958	8023018	液压无气喷涂机		生产率 1200m²/h	PT6900	66.09	13.53	55.01	-	134.63

人工	汽油	柴油	重油	煤	电	水	木柴	其他费用	小计	定额基价
工日	kg	kg	kg	t	kW·h	m³	kg	元	元	元
-	-	-	-	-	42.51	-	-	-	36.13	46.49
-	-	-	-	-	159.40	-	-	-	135.49	156.07
-	-	-	-	-	212.53	-	-	-	180.65	238.51
-	-	-	-	-	398.49	-	-	-	338.72	422.77
-	-	-	-	-	531.33	-	-	-	451.63	494.15
-	-	-	-	-	584.46	-	-	-	496.79	634.37
-	-	-	-	-	796.99	-	-	-	677.44	857.69
-	-	-	-	-	1168.92	-	-	-	993.58	1209.69
-	-	-	-	-	85.01	-	-	-	72.26	102.26
-	-	-	-	-	170.02	-	-	-	144.52	178.45
-	-	-	-	-	446.31	-	-	-	379.36	418.48
-	-	-	-	-	318.80	-	-	-	270.98	345.41
-	-	-	-	-	637.59	-	-	-	541.95	632.70
-	-	-	-	-	69.07	-	-	-	58.71	69.94
-	-	-	-	-	85.01	-	-	-	72.26	78.81
-	-	-	-	-	207.22	-	-	-	176.14	205.39
1	-	-	-	-	42.60	-	-	-	142.49	234.91
1	-	-	-	-	23.68	-	-	-	126.41	261.04

序号	代号	机械名称		主机型号	不变费用				
					折旧费	检修费	维护费	安拆辅助费	小计
					元				
	8025	十三、其他机械							
959	8025001	潜水设备		-	27.58	4.58	65.14	0.97	98.27
960	8025002	潜水减压舱		-	71.08	11.81	38.76	0.97	122.62
961	8025003	工程修理车	功率（kW） 70以内	JX-12A	94.89	12.47	29.15	-	136.51
962	8025004	工程修理车	功率（kW） 90以内	EQ-141	170.26	20.67	48.33	-	239.26
963	8025005	光源		1310nm,1550nm,-6dBm	15.66	2.21	1.51	-	19.38
964	8025006	强光照明灯		高压钠灯	17.28	2.79	1.81	-	21.88
965	8025007	强光手电		充电式	0.34	-	-	-	0.34
966	8025008	维护专用储水罐		10L	0.86	-	-	-	0.86
967	8025009	卷线轴		手摇式	0.43	-	-	-	0.43
968	8025010	油枪		-	5.34	2.44	1.19	-	8.97
969	8025011	人字梯		3m	1.30	-	0.23	-	1.53
970	8025012	管道疏通机		-	38.09	4.08	23.22	-	65.39
971	8025013	地质雷达		-	855.00	11.10	4.50	-	870.60
972	8025014	隧道三维激光扫描检测车		-	6411.65	2218.80	942.90	-	9573.35

可变费用											定额基价
人工	汽油	柴油	重油	煤	电	水	木柴	其他费用	小计		
工日	kg			t	kW·h	m³	kg	元			
4	-	-	-	-	-	-	-	-	425.12		523.39
-	-	-	-	-	-	-	-	-	-		122.62
1	42.85	-	-	-	-	-	-	-	461.51		598.02
1	-	51.43	-	-	-	-	-	-	488.92		728.18
-	-	-	-	-	0.50	-	-	-	0.43		19.81
-	-	-	-	-	1.00	-	-	-	0.85		22.73
-	-	-	-	-	0.20	-	-	-	0.17		0.51
-	-	-	-	-	-	-	-	-	-		0.86
-	-	-	-	-	-	-	-	-	-		0.43
-	-	-	-	-	0.50	-	-	-	0.43		9.40
-	-	-	-	-	-	-	-	-	-		1.53
1	20.08	-	-	-	-	-	-	-	272.74		338.13
2	-	-	-	-	-	-	-	-	212.56		1083.16
2	-	1.20	-	-	-	-	-	-	221.49		9794.84